U0650637

郑丽霞 / 著

天津市哲学社会科学规划项目（TJGLQN18—014）研究成果

移动互联网情境下新型智慧城市研究：影响因素、风险管理与城市治理

中国铁道出版社有限公司
CHINA RAILWAY PUBLISHING HOUSE CO., LTD.

2023 · 北京

图书在版编目(CIP)数据

移动互联网情境下新型智慧城市研究：影响因素、风险管理与城市治理/郑丽霞著. —北京：中国铁道出版社有限公司,2023.8

ISBN 978-7-113-30301-3

Ⅰ.①移… Ⅱ.①郑… Ⅲ.①智慧城市–研究 Ⅳ.①F291

中国国家版本馆 CIP 数据核字(2023)第 101475 号

书 名：移动互联网情境下新型智慧城市研究：影响因素、风险管理与城市治理
YIDONG HULIANWANG QINGJING XIA XINXING ZHIHUI CHENGSHI YANJIU
YINGXIANG YINSU FENGXIAN GUANLI YU CHENGSHI ZHILI

作 者：郑丽霞

责任编辑：奚 源 编辑部电话：(010)51873005
封面设计：刘 莎
责任校对：苗 丹
责任印制：赵星辰

出版发行：中国铁道出版社有限公司(100054,北京市西城区右安门西街 8 号)
网 址：http://www.tdpress.com
印 刷：北京铭成印刷有限公司
版 次：2023 年 8 月第 1 版 2023 年 8 月第 1 次印刷
开 本：710 mm×1 000 mm 1/16 印张：12.75 字数：215 千
书 号：ISBN 978-7-113-30301-3
定 价：68.00 元

前　　言

新型智慧城市通过体系规划、信息主导和改革创新，推进新一代信息技术与城市现代化深度融合和迭代演进，以达到为民服务全程全时、城市治理高效有序、数据开放共融共享、经济发展绿色开源、网络空间安全清朗等目标。移动互联网的高速发展带来大数据的涌现，大数据具有精准治理的能力，通过对大数据资源的存储、分析、计算等，能够捕捉新型智慧城市建设与治理过程中全面、即时、动态的信息，并提炼其内在价值，以此提高新型智慧城市治理的能力和水平。

从学术研究角度来看，现有研究大多从新型智慧城市的属性、运作模式、涉及主体、评价指标等方面展开，但对新型智慧城市建设的影响因素缺少深入研究，对各种影响因素的作用机制和影响程度的研究也尚缺乏，新型智慧城市的实现路径和城市治理策略研究不足。鉴于新型智慧城市建设、城市更新、城市高质量发展实际中遇到的现实困境和理论缺口，本书依据城市治理理论和服务型政府理论，从移动互联网视角出发，以新型智慧城市为研究对象，归纳新型智慧城市建设与治理的关键影响因素及其作用路径，对新型智慧城市建设与治理的风险因素进行识别，提出风险预防与应对之策，进而提出新型智慧城市精准治理策略，为移动互联网情境下新型智慧城市建设与治理提供政策建议。

笔者多年来致力于新型智慧城市建设、城市更新、城市承载力等方面的研究，主持或参与相关课题若干项。本书即是在天津市哲学社会科学规划项目（TJGLQN18-014）"第五代移动互联网情境下新型智慧城市研究：影响因素、风险管理与城市治理"的资助下完成的，作者郑丽霞为该项目的负责人。

本书综合运用案例研究法、专家访谈法、问卷调查法、规范研究法和统计分析法等多种方法对研究问题进行探讨。在构建影响因素指标体系和概念模型时，使用了案例研究法、专家访谈法和规范研究法；在检验指标体系时，使用了问卷调查法和统计分析法；在对模型和假设进行验证时，使用了规范研究法和统计分析法。

本书的研究结论主要包括：(1)新型智慧城市建设受多种因素的影响，可以从治理体系、基础设施、技术支持、经济要素、数据应用五个维度进行划分；(2)各因素对新型智慧城市建设水平的影响程度不同，技术支持因素的影响程度最大，其次是数据应用、经济要素、治理体系，基础设施的影响程度最小；(3)近十年中国新型智慧城市的建设水平不断提高，2021 年评分值为 9.381 分，达到较高水平，但地域发展仍不均衡，沿海的华东、华南地区新型智慧城市建设水平最高，处于第一梯队，其中华东地区处于绝对领先地位；华中、西南、华北三个地区位居其次，东北和西北地区则构成中国新型智慧城市建设的第三梯队；(4)新型智慧城市建设在治理体系、基础设施、信息技术、建设资金、数据应用等方面存在诸多风险需要加以防范；(5)通过统一的顶层设计与参与式治理、依托移动互联网实现城市基础设施的更新、合理使用技术支持、创新新型智慧城市商业模式、数据开放与共享等途径，能够不断提高新型智慧城市的建设水平，逐步实现城市的精准治理和生态治理。

通过研究，主要形成以下四个方面的创新点：(1)从治理体系、基础设施、技术支持、经济要素、数据应用五个维度开发了移动互联网情境下新型智慧城市建设影响因素指标体系，有助于深化对新型智慧城市建设的认识，并为移动互联网情境下新型智慧城市建设水平的提升作出贡献；(2)构建了各影响因素与新型智慧城市建设水平的关系模型，并采用结构方程模型验证模型中变量间的关系，拓展了新型智慧城市建设研究的理论边界；(3)识别了新型智慧城市建设的风险因素，并提出相应的风险预防与应对之策，对降低新型智慧城市建设风险，提高建设成效具有重要意义；(4)提出了提升新型智慧城市精准治理能力的对策，具有重要实践指导意义。

在书中既有严谨的科学论证，也有规范的案例研究，做到了理论联系实际，具有系统性、实用性和创新性。本书可以作为新型智慧城市建设、城市规划与设计、城市服务、城市管理等领域的科研和从业人员参考，可以作为博士研究生、硕士研究生、本科生的城市规划与设计、城市管理学等课程的辅助教材，可为政府以及城市规划相关部门提供借鉴与参考。本书虽然几易其稿，但内容和观点难免会存在瑕疵和不成熟之处。在此，敬请专家和同仁不吝赐教。

郑丽霞

2023 年 7 月

目　　录

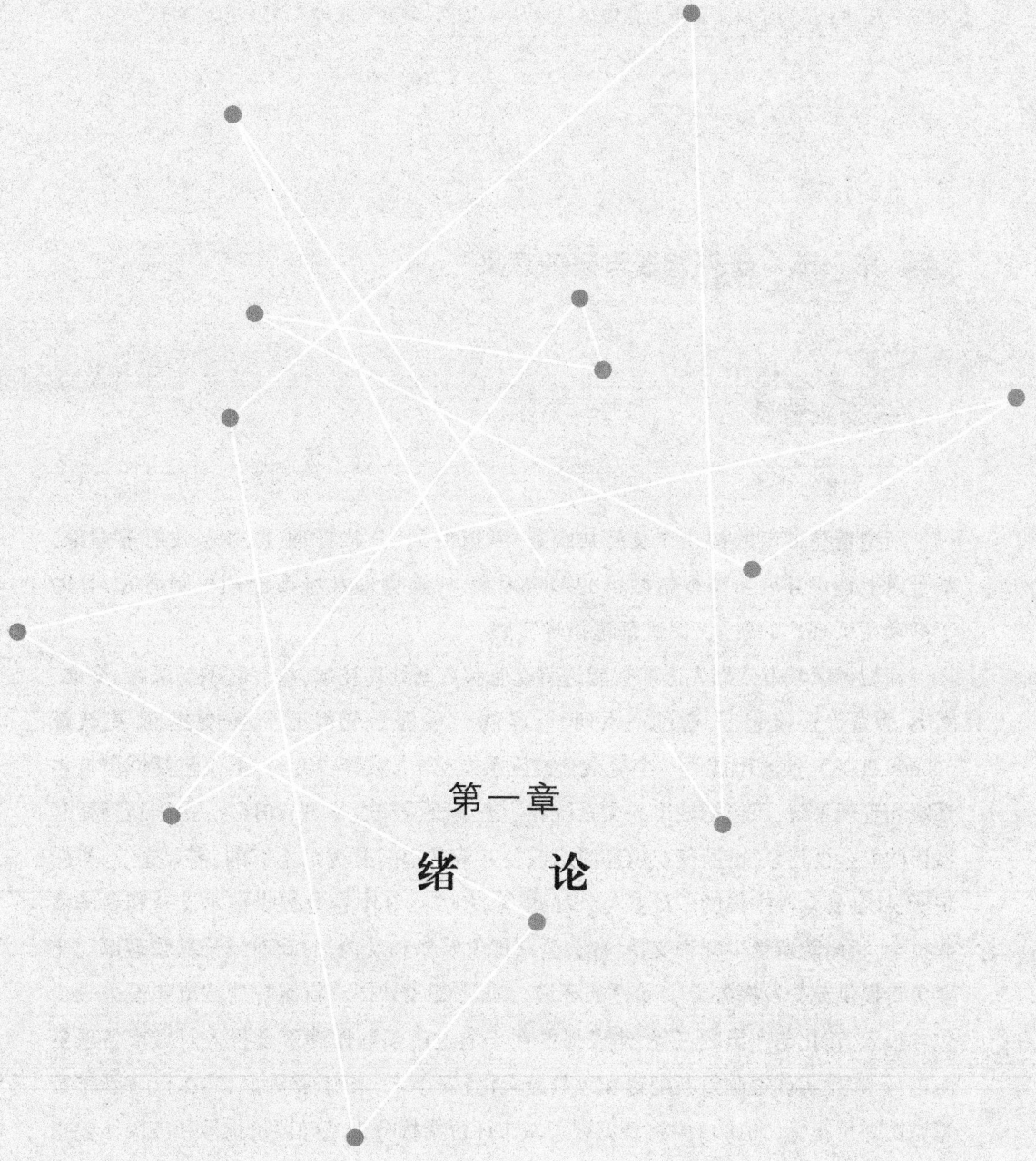

第一章

绪　论

第一节　研究背景与研究意义

一、研究背景

（一）理论背景

新型智慧城市的构建涉及公共服务、城市治理、公共管理、服务型政府等理论，基于以上理论开展新型智慧城市的影响因素、风险管理及城市治理机制研究，有助于推动相关理论的发展，促进理论指导实践。

新型智慧城市依靠先进的智能传感设备和数据处理技术，将互联网与医疗、交通、水电、教育等连接起来，通过一系列"互联网+"使城市变得更平坦、更迅捷、更智慧（Nicos，2008），使城市成为一个复杂开放巨系统（柴彦威等，2014），不仅包括城市技术系统和管理系统，还包括城市人文系统和生态系统（许欢、杨慧，2017）。由于新型智慧城市的复杂性与系统性，仅仅依靠政府或公共管理部门是远远不够的，需要企业、科研院所、社会公众等主体的广泛参与（Scholl等，2009），其中企业提供技术支持和新的商业机会，科研院所提供知识支持，社会公众提供监督和反馈，而政府或公共管理部门主要负责提供充分发挥各方主动性的环境（Bakel等，2013）。新型智慧城市建设是一个包含投入、转化与产出的过程，建设目的在于通过市场运作和资金投入对城市各项资源进行整合，实现资源重新配置和效益最大化（安小米、宋刚、路海娟，2018）。《新型智慧城市评价指标（2018）》中将新型智慧城市评价指标分为基础评价指标和市民体验指标两部分，其中基础评价指标重点评价城市发展现状、发展空间、发展特色，包含创新发展、惠民服务、精准治理、生态宜居、智能设施、信息资源和信息安全七个一级指标；市民体验指标通过调查市民直接感受情况进行评价，突出公众满意度和社会参与度。

由此可见，现有研究大多从新型智慧城市的属性、运作模式、涉及主体、评价指标等方面开展研究，但对新型智慧城市建设水平缺乏界定，对各种影响因素的作用机制和影响程度的研究也尚缺乏，新型智慧城市的实现路径和城市治理策略研究不足。因此，探索移动互联网情境下新型智慧城市建设的影响因素及影响机制，识别风险并提出城市精准治理之策,对提高城市服务与治理水平都具有重要的理论意义。

(二)现实背景

移动互联网是互联网、移动通信网和物联网的融合。新型智慧城市则是运用移动互联网、云计算、大数据、空间地理信息集成等信息技术(Judio 等,2020),促进城市规划、建设、管理及服务智慧化的新理念和新模式,强调城市中不同主体间的智慧型协作(Colding 等,2020)。移动互联网的高速发展带来大数据的涌现,大数据具有精准治理的能力,通过对大数据资源的存储、分析、计算等,能够捕捉新型智慧城市建设与治理过程中全面、即时、动态的信息,并提炼其内在价值,以此提高新型智慧城市治理的能力和水平。

新型智慧城市建设可以有效提升城市治理和管理效率,有效改善公共服务水平,促进城市经济发展(Bonab 等,2023;Arku,2022)。就中国智慧城市建设的情况来看,虽然智慧城市建设已多年,试点城市也达到两百多个,但仍然存在城市与农村发展不平衡、人民体验感较差、智慧城市生态尚未形成等问题,尤其是突发的情况,暴露出城市治理和城市治安维护等方面的问题,产生许多值得总结的经验与教训。而依托移动互联网的新型智慧城市建设在防控中却起到了非常重要的作用,移动互联网具有更加灵活、覆盖面更广的特性,为各地实施分块管理,运用大数据实现对特殊时期人员活动踪迹的追踪,并建立相应的数据模型进行分析,小区精准生活用品发放,等等,都是新型智慧城市建设给大家带来的福利。

《中国移动互联网发展报告(2022)》指出,中国已建成全球最大 5G 网络,终端用户占全球 80% 以上;截至 2021 年底,中国移动电话用户总数 16.43 亿户,其中 5G 移动电话用户达到 3.55 亿户;据测算,2021 年 5G 直接带动经济总产出 1.3 万亿元,相比 2020 年增长 33%;"5G+工业互联网"在建项目超过 1 800 个,应用于工业互联网的 5G 基站超过 3.2 万个,具有一定区域和行业影响力的工业互联网平台超过 150 家,接入设备总量超过 7 600 万台套,服务企业超 160 万家。此外,人工智能等技术不断突破,人工智能与移动互联网相结合的应用场景日趋丰富,自动驾驶汽车、智能语音、虚拟现实和增强现实等正越来越广泛地应用在社会生活各个领域。尽管目前世界各地的智慧城市建设项目成绩斐然,但大量失败案例也表明,智慧城市建设必将面临管理手段、技术的创新和资源的再分配。移动互联网的迅速发展为新型智慧城市建设创造机遇的同时,也带来挑战。

基于以上研究背景,本书依据城市治理理论、服务型政府理论、系统工程理论等,从移动互联网视角出发,以新型智慧城市为研究对象,明确新型智慧城市建设与治理涉及的主要利益相关者,归纳新型智慧城市建设与治理的关键影响因素及其作用路径,识别主要风险并提出相应规避或转化措施,从顶层设计、基础设施、技术支持、商业模式、数据共享五个方面提出新型智慧城市的治理策略,为移动互联网情境下新型智慧城市建设与治理提供政策建议。

二、研究意义

新型智慧城市应以先进的信息技术为基础,充分整合、挖掘、利用城市信息资源,以实现城市的智慧化改造。随着新兴技术的发展,世界各国都制定了智慧城市发展规划,各国智慧城市建设如火如荼。而移动互联网的快速发展为新型智慧城市发展带来新机遇的同时,也带来新的挑战。因此,开展移动互联网情境下新型智慧城市研究,具有重要的理论意义和现实意义。

(一)理论意义

移动互联网情境下,新型智慧城市建设影响因素的识别与影响路径的研究,实现对新型智慧城市高效治理问题的关注,具体体现在:

1. 归纳新型智慧城市建设的影响因素,贡献于新型智慧城市建设研究

书中采用结构方程模型提炼并验证新型智慧城市建设的影响因素,研究各因素间的交互影响,系统剖析各影响因素对新型智慧城市建设与发展的作用路径及内在机制,以打开移动互联网情境下新型智慧城市建设与发展“黑箱”,为后续新型智慧城市治理研究提供坚实的理论基础。

2. 识别移动互联网情境下新型智慧城市建设与治理的风险,贡献于新型智慧城市风险研究

当前,第五代移动通信技术(5G)的应用已趋于成熟。随着5G时代的来临,大容量、低时延的网络传输变为现实。人类进入万物互联的物联网时代,智慧城市建设也步入一个崭新阶段。移动互联网的快速发展在为新型智慧城市建设与发展带来新机遇的同时,也带来诸多新的挑战。对移动互联网情境下新型智慧城市建设与治理的风险进行识别,有助于城市趋利避害,贡献于新型智慧城市风险研究。

3. 基于系统工程理论,揭示移动互联网情境下新型智慧城市治理的路径与策略,贡献于新型智慧城市治理研究

基于系统工程理论,揭示移动互联网情境下新型智慧城市治理的路径与策略:一方面从城市基础设施更新角度切入研究新型智慧城市的建设与治理要点;另一方面从整体层面综合考虑各成员系统智慧化建设的协调与整合,贡献于新型智慧城市治理研究。

(二)现实意义

近年来,信息技术不断创新,数字经济发展势头较强,新基建加快,电子政务效果明显,城市管理逐渐向着智能化、现代化、信息化方向发展。现阶段,数字国家的构建被越来越多的国家所重视,各国都强调发展新科技、新业态、新模式。随着信息技术的快速发展,城市发展局势已经发生重大转变,城市的可持续发展与竞争力提升都需要新型智慧城市的支持。因此,研究移动互联网情境下新型智慧城市的现实意义体现在以下两方面:

1. 为促进城镇转型升级,实现城乡均衡发展提供一种策略

长期以来,"数字鸿沟"使城乡在发展过程中差距不断拉大,不平衡现象加剧。而在互联网、大数据、人工智能为代表的新一代信息通信技术帮助下,建设新型智慧城市要以城乡同步发展为目标,在医疗卫生、养老、教育等领域抓重点、补短板、强弱项,形成智慧化发展新局面,以提升城乡总体的承载力,促进经济提质增效,提高城乡居民生活品质,同时能够为促进城镇转型升级,实现城乡均衡发展提供一种策略。

2. 为提高城市治理水平,实现城市由高速发展向高质量发展转变提供一种解决方案

近十几年来,智慧城市建设已经成为提高公共服务水平、实现治理能力提升和城市转型升级的重要抓手,提高城市综合竞争力的战略选择。尽管目前世界各地的智慧城市建设项目成绩斐然,但大量的失败案例也表明,智慧城市建设必将面临管理手段改变、技术创新和资源的再分配,而这些变化必然会面临各种压力和挑战。第一轮的智慧城市建设,实现了"智"的转变,但对"慧"的部分重视程度不够,导致很多智慧城市建设项目未能取得理想效果。狭隘的技术至上理论加商业资本的强力追逐使智慧城市建设的"硬件"快速发展,但技术终有其局限,如果不注重系统化的城市运行逻辑,仅依靠技术并不能从根本上解决各种城市病问题。

近年来,全球范围内都在加快城市化进程,城市在经济增长和结构调整方面正面临着难以克服的困难,城市发展的创新性、有序性和持续性需要跨越式提高。研究移动互联网情境下新型智慧城市旨在为城市管理者提高城市治理水平,实现城市由高速发展向高质量发展转变提供一种解决方案。

● 第二节　研究目标与研究内容

一、研究目标

以移动互联网为背景，一方面，从实证层面分析新型智慧城市建设与发展的主要影响因素，研究这些因素的作用路径；另一方面，从理论层面分析移动互联网情境下新型智慧城市的管理创新行为。在此基础上，提出新型智慧城市治理优化的对策建议，保障各地新型智慧城市建设与治理的顺利与高效。

二、研究内容

具体包括四个方面研究内容。

(一)新型智慧城市建设的影响因素及其作用路径研究

智慧城市的概念最早由 IBM 提出，认为智慧城市将物质基础设施、IT 基础设施、社会基础设施和商业基础设施相互联通，智慧城市建设的关键是将基础设施与互联网深度融合，以产生集体智慧(Harrison 等，2010)。但智慧城市的建设依然要突出人的主体地位，城市建设是为人服务的，如果忽视这一点，智慧城市的建设效果必定不会太理想(楚金华，2017)。而智慧城市信息共享服务协调中心将城市基础信息共享服务平台、行业领域信息共享服务平台、组织机构信息服务平台整合起来，形成开放和可控的智慧城市信息共享服务体系，成为智慧城市运行成功的关键要素(郭骅等，2017)。新型智慧城市建设水平是新型智慧城市建设成效的体现，受到经济、技术、治理、数据等诸多因素的影响(崔庆宏、黄蓉、王广斌，2021)，可以从基础设施、科技创新、信息产业、民生服务、建设水平五个维度进行评价(陈伟清、赵文超、张学垚，2019)，也会受到交通运输、医疗卫生、城市安全、生态及能源、信息互联、物联网等大数据技术、技术专利与知识产权、智慧城市认知程度、人才队伍建设、政策支持、城市规划等因素的影响(赵启明，2021)。

本书将在"智慧城市"文献回顾与研究评述基础上，重点分析新型智慧城市建设与治理涉及的利益相关者及其角色定位;总结归纳移动互联网情境下新型智慧城市建设的关键影响因素,构建指标体系,通过实地访谈和问卷调查,收集数据资料,进行描述性统计分析;继而,采用结构方程模型分析各影响因素对新型智慧城市建设的作用路径,为解决后续研究问题打基础。

（二）中国新型智慧城市建设水平与现状研究

中国高度重视对新型智慧城市的建设投入,自 2008 年开始,中国政府陆续颁布了一系列促进智慧城市建设与发展的政策。截至目前,住建部已经分三批公布了共 290 个智慧城市试点,外加科技部、工信部、发改委等部门确定的智慧城市试点,总数近 800 个。中国新型智慧城市建设处于何等水平? 各地域是否获得了均衡发展? 这些都是尚需验证的问题。

在具体操作过程中,通过国家统计局等数据库收集具体统计数据,采用模糊综合评价法,先从总体层面对中国新型智慧城市建设的水平进行评估,再从不同地区选择不同省份对其新型智慧城市建设水平进行横向对比分析,对于新型智慧城市的构建及未来城市发展规划都具有重要意义。

（三）移动互联网情境下新型智慧城市建设的风险识别与应对研究

移动互联网的高速发展在帮助智慧城市实现信息资源智慧应用的同时,也带来许多风险与危机。特别是近年来暴露出的若干智慧城市安全事件,已经充分证明智慧城市在技术设施、制度设计和人文意识方面存在不足,有着诸多待解决的问题。首先,智慧城市建设涉及大量硬件技术系统、信息化设施设备等,这方面的技术能力不达标,势必给物联网、云计算以及各个层面的信息共享、互联互通造成极大安全隐患;其次,中国信息化人文底蕴尚浅,特别是城市内存在着环境、年龄以及部门差异导致的数字鸿沟问题,这些问题不考虑,可能导致未来社会发展的不平等;再次,某些组织机构为维护自身利益,不愿进行信息资源的共享与交换,造成数字鸿沟的进一步扩大;最后,存在的"短视现象",将造成未来城市发展瓶颈,"被折腾"成为顶层设计难以逾越的现实障碍(陈德权等,2017)。

基于上述各种风险的存在,需要对风险因素进行识别,为后续新型智慧城市治理研究提供现实依据。

（四）移动互联网情境下新型智慧城市精准治理策略研究

移动互联网情境下的新型智慧城市是在城市公共信息平台支持下,多部门协同管理、公众广泛参与、具有标准化的闭环运作流程的科学、高效、精准的城市治理模式,它推动了现代化城市治理格局的形成与发展。新型智慧城市是一项复杂的系统工程,系统要素繁多、系统结构复杂,难以将目标全部准确量化,没有唯一的最优解决方案,其治理应运用系统工程方法(房毓菲、单志广,2017)。系统工程方法是现代科学思维的基本方法,以系统理论为基础,将研究对象视为一个动态变化的整体,主张从全局出发进行统筹规划,以实现资源的协调和高效配置(Nam & Pardo,2011)。根据系统工程理论,复杂系统的管理需要首先构建一个开放、弹性的总体框架(Council,2016)。新型智慧城市的建设是一个复杂巨系统,移动互联网时代,城市建设更加重视各个子系统的协同和数据的整合、流通、共享(Gil-Garcia 等,2015)。通过政府各部门、社会公共服务企业、公众之间的互联互通和资源共享,形成多部门协作的治理格局。

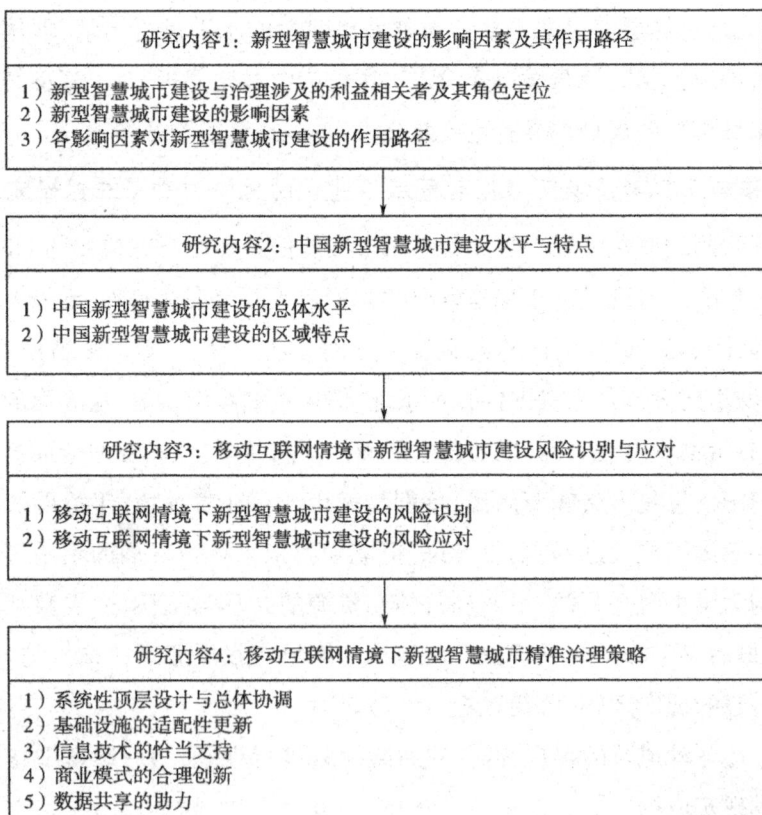

研究内容1:新型智慧城市建设的影响因素及其作用路径

1)新型智慧城市建设与治理涉及的利益相关者及其角色定位
2)新型智慧城市建设的影响因素
3)各影响因素对新型智慧城市建设的作用路径

研究内容2:中国新型智慧城市建设水平与特点

1)中国新型智慧城市建设的总体水平
2)中国新型智慧城市建设的区域特点

研究内容3:移动互联网情境下新型智慧城市建设风险识别与应对

1)移动互联网情境下新型智慧城市建设的风险识别
2)移动互联网情境下新型智慧城市建设的风险应对

研究内容4:移动互联网情境下新型智慧城市精准治理策略

1)系统性顶层设计与总体协调
2)基础设施的适配性更新
3)信息技术的恰当支持
4)商业模式的合理创新
5)数据共享的助力

图 1.1　总体框架

(资料来源:笔者根据研究整理绘制。)

基于此,研究移动互联网情境下新型智慧城市的治理策略采用系统工程方法,从顶层设计、基础设施、技术支持、商业模式、数据共享五个方面,为构建政策支持体系和开展精准治理提供依据。

● 第三节 技术路线与研究方法

一、技术路线

本书的基本思路如图 1.2 所示,研究基于"提出问题—分析问题—解决问题"的过程展开。首先,通过对研究背景、研究目的、研究意义的分析提出本课题的研究问题——移动互联网情境下新型智慧城市研究。其次,通过问卷调查、结构方程模型,实证研究新型智慧城市建设的影响因素及其作用路径,并以中国为例,对中国新型智慧城市建设的总体水平和区域差异开展实证研究。再次,识别移动互联网情境下新型智慧城市建设的风险,并提出应对之策。最后,基于上述实证分析与理论研究结论,提出移动互联网情境下新型智慧城市建设与治理的对策建议。

二、研究方法

在操作过程中,拟采用定性与定量方法相结合、文献研究与实证分析相结合的方法,探讨移动互联网情境下新型智慧城市构建与发展的影响因素以及新型智慧城市治理路径。结合研究需要,着重采用以下几种研究方法:文献研究法、案例研究法、实地调查法、结构方程模型和系统工程法。

1. 文献研究法

根据文献研究方法,确定对新型智慧城市相关文献梳理和分析的步骤:首先,在选择主题的步骤中明确研究的核心是新型智慧城市,以此为标准判断收集相关文献;其次,文献检索的工作包括确定文献收集的渠道,对文献进行阅读,运用图表的方式对核心观点进行归纳总结;再次,确定数据的编码方式并对收集到的文献进行分析和解释。

提出
问题

| 研究背景 | 研究目的 | 研究意义 |

移动互联网情境下新型智慧城市研究：
影响因素、风险管理与城市治理

| 文献研究与综述 | 理论基础及方法 |

理论研究

新型智慧城市建设的影响因素及其
作用路径研究

文献研究
专家调研

提出分析框架与研究假设

探索性
案例分析

| 变量设定 | 问卷设计 | 问卷调研 |

结构方程
模型

明确关键影响因素及其作用路径

分析
问题

中国新型智慧城市建设水平与
区域特点

| 发展阶段 | 发展趋势 | 发展模式 | 总体水平 | 区域特点 |

移动互联网情境下新型智慧城市
建设的风险识别与应对

| 风险识别 | 风险应对 |

qual↓QUAN混合研究

移动互联网情境下新型智慧城市
的精准治理之策

系统工程
方法

解决
问题

| 统一的顶层设计和参与式治理 | 依托移动互联网实现基础设施的更新 | 合理使用技术支持 | 创新新型智慧城市商业模式 | 加大数据开放与共享 |

研究结论、不足与展望

对策研究

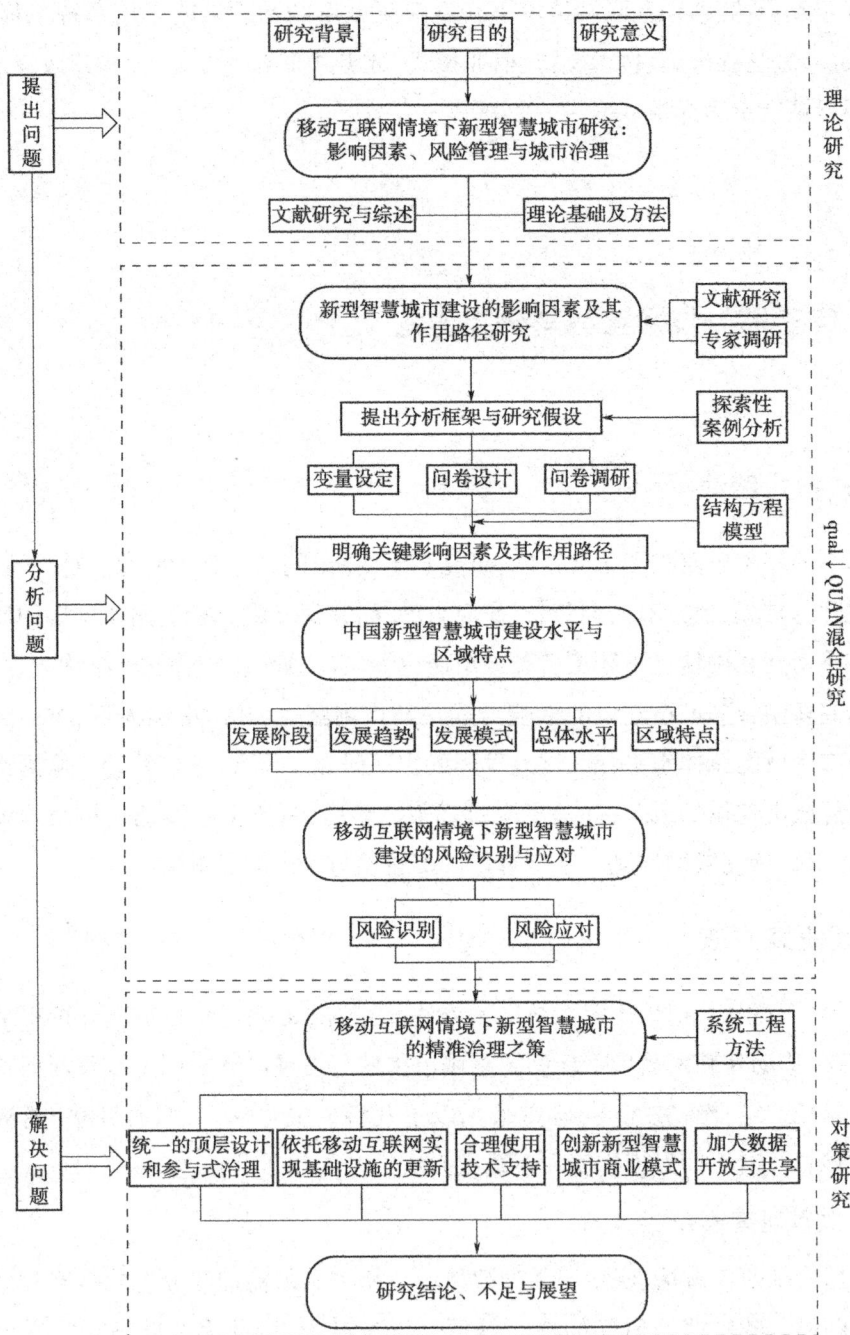

图 1.2　技术路线图

（资料来源：笔者根据研究整理绘制。）

具体来说,采用文献研究方法,分析现有文献中新型智慧城市定义与概念、内涵、影响因素、风险识别与度量、城市治理等内容,同时从中国知网、ScienceDirect、EBSCO、Emerald、Elsevier、Wiley-Blackwell Informs Online Journals 等数据库进行搜索。基于已有文献,本书将对文献进行梳理总结,以便厘清研究现状,以期寻找理论的结合点和空白点。

2. 案例研究法

案例研究法具体可分为描述性案例研究、探索性案例研究和解释性案例研究三种(Yin,2009;Eisenhardt,1989)。研究中案例数量的选择取决于研究目的以及被选取研究案例的特点(Dyer,Wilkins,1991),在选取研究案例时,需要考虑案例的实际情况与研究问题的契合度,以及研究结果对实现研究目的的作用(Barbour,2008)。

在选择研究案例时,根据研究问题和研究目标,综合考虑数据的可获得性,最终选取维也纳、多伦多、纽约、伦敦、东京、柏林、北京、香港、新加坡城、首尔、天津、上海十二个城市样本,对其智慧城市建设开展探索性案例研究,以发现新型智慧城市建设的影响因素。

3. 实地调查法

实地调查法较适用于一般决策行为的总体状况和特征的研究。随着互联网、云计算等技术的发展,以及国家政策的支持,全国各地新型智慧城市建设正如火如荼地展开,在城市建设与管理过程中产生海量大数据,这为本课题研究开展实地调查法提供了基础。

运用实地访谈和问卷调研方法,考察移动互联网情境下新型智慧城市建设与治理的现状,为之后的课题研究提供原始数据资料。

4. 结构方程模型

结构方程模型是基于变量的协方差矩阵来分析变量之间关系的一种统计方法,是多元数据分析的重要工具。首先,采用因子分析法,归纳出影响新型智慧城市建设与治理的各个探索性因子;继而,采用结构方程模型对研究假设和理论模型进行验证,分析移动互联网情境下新型智慧城市建设与治理的关键影响因素及其作用路径。

5. 系统工程法

系统工程方法是现代科学思维的基本方法,以系统理论为基础,将研究对象作为动态整体加以研究。新型智慧城市建设是一项复杂的巨系统工程，城市智慧化在根本上是一个具有显著的内生复杂性的过程，应该按照复杂系统工程的思路进行建设。

在具体执行过程中，也运用系统工程法，对移动互联网情境下新型智慧城市的建设与治理开展研究，从整体层面考虑治理体系、基础设施、技术支持、经济要素、数据应用等各子系统之间的协同与整合，从以上五个角度提出新型智慧城市精准治理与生态治理之策。

第二章

理论基础与文献综述

⬤ 第一节　理论基础

新型智慧城市的建设以城市高效治理、数据开放共享、为民服务及时、应急反应迅速等为主要目的，通过体系规划、改革创新、多方协作，推进信息技术与城市功能的深度融合，促进城市应急与服务能力提升。由此可见，新型智慧城市的建设基于城市治理理论、服务型政府理论、直觉模糊集理论、系统工程理论、时空大数据平台理论等理论基础，各理论的内涵分析如下。

一、城市治理理论

城市治理是各种城市管理方式的总和，现有学者提出了大都市政府理论（或传统区域主义理论）、新区域主义理论、公共选择理论、地域重划与再区域化理论等众多城市治理理论范式。1999 年，著名治理学者皮埃尔通过将制度理论与城市政体理论联系起来，将城市治理划分为管理型、社团型、支持增长型与福利型四种模式，并归纳出决定每一模式的制度性因素。近些年，国内外学者又提出新管理主义城市治理、超多元、规制型政府、公私合作治理等模式，但具有普遍解释意义的城市治理理论与方法尚在形成过程中（沈体雁，2021）。

为达到城市精细化管理，现有学者提出整体治理、标准治理、网格治理和绩效治理四个层面的城市治理体系，强调以公众为中心，以提升政府管理和服务效能为根本出发点。整体治理是指对城市治理的组织结构层级进行有机协调与整合，构建一个高效的整体政府，从而促使城市治理不断从分散走向整合、从部分走向整体；标准治理是指通过构建规范有效的城市管理标准体系，将城市管理所涉及的制度、事件、物件统统以标准化全覆盖，以实现城市精细化管理的各个目标；网格治理是指通过信息技术克服管理的碎片化困难，为居民提供精准的服务；绩效治理是指通过公平公正的考核，以检验和提升城市治理的效果（汤文仙，2018）。

二、服务型政府理论

服务型政府理论提出，服务型政府坚持以社会为本位，在经济和政治的实践中培育社会自主运行的健全机制,坚持"权为民所赋"的理念,坚持对政府权力的约束和对公民权利的保护并重,坚持建立有效的负责制,坚持开放、包容与合作共治(张康之,2000)。互联网的诞生与运用,迅速驱动了电子政务的迭代升级,尤其是移动互联网、人工智能、物联网等数字化工具的持续升级,迅速提升了政府获取和分析信息继而作出决策的能力(Reddick C G & Norris D F,2013)。互联网(尤其是移动互联网)凭借在线化、移动化、智慧化的优势,给政府插上了智能化和智慧化的翅膀,使公众可以随时随地获取政府提供的服务,扩大了政府管理和服务的边界(刘开君、王鹭,2022)。

三、直觉模糊集理论

直觉模糊集的概念最早由 Atanassov(阿塔纳索夫)于 1986 年提出,主张对信息进行"非此非彼"的模糊描述,以更好地反映信息间的模糊关系(Atanassov,1986)[1]。

定义 1[2]

设 X 为一个给定论域,对于 $\forall x \in X$,若存在映射:$\mu_A(x):X \rightarrow [0,1]$ 和 $\gamma_A(x):X \rightarrow [0,1]$,使得 $0 \leqslant \mu_A(x) + \gamma_A(x) \leqslant 1$ 一直成立,则称论域 X 上的一个直觉模糊集 A 为

$$A = \{\langle x, \mu_A(x), \gamma_A(x) \rangle | x \in \cup\}$$

式中:$\mu_A(x)$ 和 $\gamma_A(x)$ 分别表示元素 x 属于直觉模糊集 A 的隶属度和非隶属度。

定义 2

设 X 为一个给定论域,称论域 X 上的每一个直觉模糊集 A 的犹豫度为

$$\pi_A(x) = 1 - \mu_A(x) - \gamma_A(x)$$

式中:$\pi_A(x)$ 表示元素 x 对直觉模糊集 A 的犹豫程度。

定义 3

设 X 为一个给定论域,则称论域 X 中的元素 x 属于直觉模糊集 A 的隶属度函数和非隶属度所构成的二元组 $\langle \mu_A(x), \gamma_A(x) \rangle$ 的直觉模糊数。由全体直觉模糊数 $Z_{ij} = \langle \mu_{ij}, \gamma_{ij} \rangle (i = 1, 2, \cdots m; j = 1, 2, \cdots n)$ 构成的矩阵 $\mathbf{Z} = (z_{ij})_{m \times n}$ 为直觉模糊矩阵。

定义 4

根据 D-S 证据理论中 Mass 函数的定义,为方便后续的信息融合,可以使用直觉

① Atanassov K T. Intuitionistic fuzzy sets[J]. Fuzzy Set and Systems,1986,20(1):87-96.
② 陈致远,沈堤,余付平,等. 基于直觉模糊集和证据理论的空中目标综合识别[J]. 航空兵器,2022,29(01):58-66.

模糊数表示辨识框架 Θ 上的 Mass 函数,即

$$
\begin{cases}
m_A(x_i) = \dfrac{\mu_A(x_i)}{\sum\limits_{i=1}^{n}\left[1-\gamma_A(x_i)\right]}, m_A(\varphi) = 0 \\[2em]
m_A(\Theta) = 1 - \sum\limits_{i=1}^{n} m_A(x_i)
\end{cases}
$$

新型智慧城市主要通过信息技术实现人与人、物与物、人与物的互联互通,需要整合新型智慧城市系统中的各项关键信息,实现数据层到系统构架再到服务应用,达到更好的管理与协作。随着新型智慧城市建设步伐的加快,信息安全技术、扩张速度和快速变化需求都增加了个人信息、隐私保护、信息基础设施等威胁强度,面临着较高的风险(江文奇、王晨晨、祁晨晨,2018)。按照风险管理的思路,首先需要识别新型智慧城市建设中存在的风险点,确定风险评价指标,再确定各个指标的风险概率并进行综合评价,从而提出应对策略。直觉模糊集理论在识别新型智慧城市建设风险方面具有天然的优势。

四、系统工程理论

系统工程理论就是把一个系统比作一个整体,这个整体由无数个小系统构成,各个子系统之间密切联系。新型智慧城市建设是一项庞大而复杂的系统工程,其持续时间长,涉及面广,与市民的生活和城市的正常运行息息相关。建设新型智慧城市就是以系统工程理论为指导思想,对新型智慧城市这个建设主体进行分析、合理规划、合理建设,进而实现保障新型智慧城市这个系统运行所需要的思想、方法等。在建设新型智慧城市的过程中,要以系统工程理论为主要的依据之一。通过技术创新、管理体制创新,实现新型智慧城市的可持续发展。

五、时空大数据平台理论

时空大数据平台理论,核心是通过 LBS 收集使用者的位置及相关的信息,并进行大数据分析和监测。将离散的数据汇集起来,通过分析这些数据来发现事物的规律,并预测其发展趋势。在四维空间上进行数据分析,构建数字化的世界。

● 第二节　文献综述

一、智慧城市的内涵与功能

（一）智慧城市的内涵

智慧城市建设是当前城市发展的主题,也是城市现代化发展的必由之路。智慧城市最早是由 IBM 的"智慧地球"概念衍生而来的,经由城市管理者和专家学者的实践和论证而不断发展。国家发改委等八部委在 2014 年下发的《关于促进智慧城市健康发展的指导意见》(发改高技〔2014〕1770 号)中明确提出:"智慧城市是运用物联网、云计算、大数据、空间地理信息集成等新一代信息技术,促进城市规划、建设、管理和服务智慧化的新理念和新模式。"这是中国国家层面第一次正式明确提出智慧城市概念。《关于组织开展新型智慧城市评价工作务实推动新型智慧城市健康快速发展的通知(2016)》中指出,新型智慧城市是以创新引领城市发展转型,全面推进新一代信息通信技术与新型城镇化发展战略深度融合,提高城市治理能力现代化水平,实现城市可持续发展的新路径、新模式、新形态,也是落实国家新型城镇化发展战略,提升人民群众幸福感和满意度,促进城市发展方式转型升级的系统工程。

（二）智慧城市的功能

智慧城市是集政治、社会、经济、文化、生态于一体的复杂系统,具有自我学习、优化运行、预测预警、安全防护等功能。智慧城市运用信息技术将城市运行的数据收集起来,并加以分析,辅助决策,以便对城市服务、经济活动、公众需求等作出智能化响应(江文奇等,2018)。新型智慧城市建设能够在一定程度上实现对城市管理方式的重构,为公众提供更加智能和高效的服务,促进城市综合竞争力的提升(王正攀等,2015)。具体体现在如下几个方面:

首先,智慧城市具有转变政府职能的作用(林拥军,2014)。智慧城市建设过程中要求政府开放数据,接受社会公众的监督和决策参与,促使政府职能向服务型转变,提高政府工作的透明度和工作效率,在防止腐败和提高政府公共服务水平方面具有重要作用(王正攀等,2015)。其次,智慧城市建设能够激发社会公众的创造力,提高社会公众参与城市治理的积极性(Rios,2016)。移动互联网的发展和移动终端的普及,为社会公众表达诉求、参与决策都提供了诸多便利,政府、企业与社会公众能够保持良好的互动关系,使城市充满活力。再次,智慧城市拥有通过生产力的量变和质变让现代城市得以繁荣的能力(Caragliu等,2011)。新型智慧城市的发展不只是简单谋求利益最大化,实现经济指标的上涨,更为关键的是对智慧商业及产业加大培育力度,形成良好的城市发展结构(Clerici M P,2022)。最后,智慧城市重视基于现代信息通信技术的人力和社会资本,以支撑城市经济增长并且搭建财富创造平台,从而提高人民生活质量(Lombardi等,2012)。由此可见,智慧城市(尤其是新型智慧城市)的建设对于帮助城市发展转型,推动城市由高速发展向高质量发展转变的功能,已经得到各国专家学者的广泛认同。

二、智慧城市的构成要素与风险识别

(一)智慧城市的构成要素

现有学者对智慧城市构成要素的研究大致基于目标、驱动力和效用三个视角,其中目标视角主要聚焦智慧政务、智慧经济、智慧交通、智慧生态等方面的建设目标,驱动力视角主要聚焦政府、企业、科研院所等主体对智慧城市建设的贡献,效用视角主要聚焦城市服务、交通状况、通信效率等方面体现出来的智慧城市建设成效。

基于目标视角的研究,将智慧城市划分为政务、经济、社会、生态等多个子系统(KimJ等,2023),并分析各子系统的构成要素(Toppeta,2011),认为智慧城市以实现智慧经济、智慧人口、智慧管理、智慧移动、智慧环境、智慧生活为目标(Dixit A & Shawk,2023;Giffinger等,2016)。基于驱动力视角的研究,认为智慧城市是"政府—企业—大学"三螺旋结构,政府提供政策支持、企业提供技术和资金支持、大学提供人才支持,三者构成智慧城市建设的重要驱动力要素(Leydesdorff & Deakin,2011)。要实现智慧城市,需要考虑和强调以公民为中心的治理、包容性服务、弹性基础设施和信息素养(Alizadeh H & Sharifi A,2023)。基于效用视角的研究则更具应用价值,认为智慧城市应该是城市服务、商业模式、市民生活、交通、通信、能源、水等多方面的智慧化发展(Abu Rayash A & Dincer I,2023;Dirks等,2016),是"生理智能"、"社会智能"和广义"人工智能"三种智能形式综合形成的"整体谐生智能"(夏昊翔、王众托,2017)。

(二) 智慧城市的风险识别

现有学者关于智慧城市风险的研究认为智慧城市的建设存在管理、技术、经济、政策、法律、参与者等方面的风险(孙建军等,2016),还存在自我学习、优化运行、预测预警、安全防护等方面的风险(江文奇等,2018),各风险要素之间存在关联和交叉影响。在智慧城市管理方面,目前大部分智慧城市是由政府主导建设的,政府的治理能力和创新性成为智慧城市建设水平的重要风险因素。同时,智慧城市是复杂的开放巨系统,需要政府、企业、科研院所、社会公众等多方利益主体的共同参与,各主体间的协调与管理是智慧城市建设面临的重要风险因素。各利益主体除相互协作外,其信息共享与交换对于智慧城市的高效建设也是至关重要的。但现实中,由于信息共享保障机制的缺乏,各利益主体必定会维护自身权益,降低自身风险,而不愿意进行信息、技术等资源的共享与交换,这对于智慧城市的自我学习和优化运行都是不利的。智慧城市的建设离不开新一代信息技术的支持,但当前对于信息技术还缺乏统一的标准,导致信息技术的使用效率降低(郭骅等,2017)和"数字鸿沟"不断扩大(陈德权等,2017)。智慧城市建设也离不开互联网的支持,但目前互联网仍存在诸多漏洞与风险(宁家骏等,2016),容易受到黑客的攻击。诸如城市运行数据、企业数据、科研数据、公众个人信息等泄露,极易对智慧城市建设造成打击,甚至威胁国家安全。在研究方法方面,现有文献对于智慧城市风险评估的方法主要有统计分析、证据理论、可信性理论等数据类评估,基于事变树模型或决策分析等系统工程类评估,以及基于 GIS 技术、蒙特卡罗模拟等的智能技术类评估。尽管不同类型的风险评估方法设计视角不同,但是风险概率的预测仍然是评估过程中的一个突出难点问题。

三、智慧城市主义

智慧城市主义(smart urbanism)是继城市主义、新城市主义后发展起来的新的城市发展理念,其旨在理解、批判与反思当下智慧城市发展的理念、目标、主体、方法、受众及结果等内容(Kitchin R,2014;Marvin S 等,2015;Luque-Ayala A & Marvin S,2019)。智慧城市的核心要素包含了智慧技术、智慧居民和智慧治理。智慧城市主义主张智慧城市应具有数据驱动、实时监控、响应迅速等特征(Kitchin R,2014),强调数据和技术在城市中的应用,如运用互联网、云计算、大数据、人工智能等(Rjab

等,2023),实现智慧城市的数字化治理和关键问题的技术化解决(Verrest H & Pfeffer K,2019;Kitchin R,2019;Branny 等,2022)。但过分强调数据和技术的作用导致目前智慧城市的建设过多依赖高科技企业,参与主体受到限制,城市建设目标也限于通过技术创新以达到一定的经济目标,而对社会、生态、环境等问题的关注度不够(Hollands R G,2008)。同时,智慧城市建设是由一个个智慧项目组成的,而智慧项目的完成会有选择性地使用技术,这容易造成智慧城市建设中的技术锁定(Ching T Y & Ferreira J,2015),出现城市被技术"绑架"现象。因此,需要对技术如何设计、开发和应用进行界定(Spicer I 等,2023;Marvin S 等,2015)。

　　智慧城市主义对当前智慧城市的建设从如下三个方面进行了批判:其一,智慧城市主义批判当前智慧城市建设过程中出现的企业主导发展逻辑(Grossi G & Pian-ezzi D,2017;Datta A,2015)。相关研究表明,高新技术企业因为其在视频图像、图形学处理、大数据分析技术、深度学习算法等方面的技术优势,主导了智慧城市建设中的智能和数字解决方案,在智慧城市的建设逻辑和项目决策方面占据了过多的话语权,成为智慧城市的主导者。智慧城市建设成为高新技术企业的新产品、新技术的试验品,这种以供给为导向的"企业家式"的城市发展模式导致城市资源和空间私有化(Hollands R G,2015)。而企业的逐利本质导致其对经济效益片面关注,致使企业成为智慧城市发展的主要参与者和受益人,而城市的社会和谐、生态多样性、环境保护、可持续发展等诉求被忽视,智慧城市建设以技术为先而非"以人文本"。与此同时,地方政府在智慧城市建设过程中面临技术、资金和人才缺乏等困境,为解决这些难题,通常采用与企业合作的方式,这就容易导致政府和企业合谋,造成更加严重的垄断(Cardullo P & Kitchin R,2019)。其二,智慧城市主义批判当前技术驱动下的技术官僚式城市治理模式(Verrest H & Pfeffer K,2019)。所谓技术官僚式城市治理模式,是指通过ICT技术将城市的运行情况进行分析、模拟,并可视化之后,转变为电子地图、交互式表格、视屏信息等,地方政府和城市公共管理部门便可以利用这些数字化信息进行决策,以期实现城市的良政和善治(Sarker M N I 等,2018)。这种决策模式虽然简单高效,却忽视了城市管理的高度复杂性,忽视了城市治理的社会性与生态性,技术简化式城市治理带来诸多问题和隐患。例如,信息系统容易受到黑客攻击,过度的技术依赖容易导致城市系统组件不稳定,缺乏备份情况下的系统崩溃,等等。其三,智慧城市主义批判政府对社会过度的强制性控制。相关研究指出,为了加强对城市的管控,越来越多的数字监控技术可能造成人的心理活动和认识行为被限于封闭的状态,与智慧城市"以人文本"的要求背道而驰,失去了生活之本意(Sadowski J & Pasquale F A,2015;Vanolo A,2014)。

四、智慧城市建设现状

国际上,2004 年韩国首尔制定了"泛在城市"规划,并成为世界上较早的智慧城市建设案例,2005 年 7 月欧盟正式实施"i2010"战略,2009 年 6 月英国发布了《数字英国》计划,2009 年 7 月日本推出"I-Japan"战略,等等(熊枫,2015),至今形成以美国为例的技术引领模式、以澳大利亚为例的产业促进模式、以欧盟为例的理念引导模式,以及以新加坡为例的项目驱动模式最具代表性(钱明辉、黎炜祎,2016)。在中国,受国家政策的鼓励,北京、上海、天津、广东等省市已经把智慧城市列入重点研究课题。相关研究表明,近几年中国的智慧城市市场规模均保持 30% 以上的增长,主要集中在智慧物流、医疗、建筑、政务等领域。与此同时,专家学者针对中国智慧城市的建设问题开展了大量研究,包括中国智慧城市的建设现状及模式(许晶华,2012;张永民、杜忠潮,2011),智慧城市的理论基础、建设策略和评价指标等(肖易漪、孙春霞,2012),智慧城市的建设瓶颈和对策(胡蓉、夏洪胜,2012),这些研究对促进中国智慧城市建设具有重要的借鉴意义。

但是,我们也必须看到一些投资巨大的智慧项目未能取得理想效果,例如韩国的"全球第一座智慧城市"——韩国松岛新城,耗资数百亿美元,耗时 19 年,如今却沦为"鬼城"。松岛新城定位绿色和智慧,规划之初致力于解决环境、安全等问题,以打造自由贸易与国际商务中心为建设目标,但无论是融资模式还是收入构成,却都是如假包换的房地产开发逻辑,优先发展地产,而商业尤其是产业严重滞后,产业集群带动区域发展的功能完全无法成势,对人才的吸引力甚微,直接导致其建设失败。

五、移动互联网情境下新型智慧城市建设

移动互联网是互联网、移动通信网和物联网的融合,移动终端的普及促进移动互联网的高速发展,也使得物联网成为移动互联网的重要内容,在促进产业发展和个人用户使用方面发挥强大的作用(林金桐、许晓东,2015)。移动互联网(尤其是5G 网络)的发展,具有大带宽、大容量、低延时等优势,依托 5G 网络,高效的泛在联通网络得以建立,实现万物皆可联(Yang C 等,2022)。移动互联网已成为新型基础设施建设的重要牵引,移动消费迅速增长,新模式新业态不断出现,促进产业的数字

化转型升级(Zafar S 等,2019)。移动智能终端的普及化和多样化,使消费者日益多样化的需求得到极大满足,为新型智慧城市实现生态治理提供无限可能。

智慧城市是当今经济社会发展的大趋势,是运用云计算、大数据、移动互联网、空间地理信息集成等新一代信息技术,促进城市规划、建设、管理和服务智慧化的新理念和新模式(张延强等,2018),其实质上是城市具有变革性的高层次转型,强调城市中不同主体间的智慧型协作(许欢、杨慧,2017)。移动互联网的高速发展带来大数据的涌现,大数据具有精准治理的能力,通过对大数据资源的存储、分析、计算等,能够捕捉新型智慧城市建设与治理过程中全面、即时、动态的信息,并提炼其内在价值,以此提高新型智慧城市治理的能力和水平。随着移动互联网的高速发展,新型智慧城市的推进如果没有系统性、整体性的顶层设计指导,在实施过程中必然会遭遇各自为政、信息孤岛等老问题,增加新型智慧城市建设失败的风险。

六、研究述评

综上所述,现有学者关于智慧城市问题的研究较为全面,成果丰富,为本书提供了逻辑起点和理论依据。但移动互联网、大数据技术的快速发展都对新型智慧城市的建设和治理提供了新的契机和要求,综合来看,还可以在如下两个方面开展进一步的深入研究:

(1)从移动互联网视角开展细化研究。目前移动互联网正在快速发展,渗透到经济社会的各个领域,引发资源配置方式、城市发展方式、城市治理模式的深刻变革。但现有研究对移动互联网给新型智慧城市建设与治理带来的影响关注度仍不够,分析仍不够深入,亟须从移动互联网视角开展细化研究。

(2)从系统工程视角开展移动互联网情境下新型智慧城市建设与治理的系统性研究。综观现有研究,大多在智慧城市的概念、风险、现状等方面开展研究,较少对影响智慧城市建设的因素及其作用路径开展深入研究,以系统工程视角开展整体性的研究就更少,但这对于指导新型智慧城市的建设与治理,实现城市发展由高速向高质量转变却是至关重要的,亟须开展系统性研究。

第三章

研究设计

本章将详细介绍研究过程、研究策略、研究方法与研究工作等一系列研究设计。其中，第一节对整体研究过程进行说明，第二节对混合方法研究进行说明，第三节对本书所采用的"qual→QUAN"串行混合研究的策略设计与程序等进行说明，第四节对指标体系构建的流程、方法等进行说明。

第一节   研究过程

一、研究的基本步骤

研究过程主要分为确定研究对象与研究目标、构建影响因素指标体系、明确研究对象间的关系、构建关系模型、提出城市治理之策、研究结论等几个基本步骤。

(一)确定研究对象与研究目标

根据研究问题，确定研究对象为移动互联网情境下新型智慧城市建设的影响因素与建设水平，研究目标为研究这些因素的作用路径，并提出新型智慧城市治理优化的对策建议，保障各地新型智慧城市建设与治理的顺利与高效。本部分的研究过程与研究内容在第一章进行论述。

(二)构建移动互联网情境下新型智慧城市建设影响因素指标体系

根据现有研究成果和探索性案例研究结果，选取影响因素初始集，并进行修正，从而得到最终的指标体系。本部分研究运用专家访谈法、探索性案例研究、问卷调查等研究方法，其研究过程与研究内容在第四章进行论述。

(三)构建各影响因素与新型智慧城市建设水平的配置关系模型

本书从治理体系、基础设施、技术支持、经济要素、数据应用五个维度选取移动互联网情境下新型智慧城市建设的影响因素，在分析各因素与新型智慧城市建设水平之间关系的基础上，提出研究假设，并构建结构方程模型对各因素的影响路径进行分析。本部分研究运用专家访谈法、图形建模法、统计分析法等研究方法，其研究过程与研究内容在第四章进行论述。

（四）识别移动互联网情境下新型智慧城市建设的风险

根据前述影响因素与关系模型的分析，结合新型智慧城市建设的现状，对风险因素进行识别，为后续新型智慧城市治理研究提供现实依据。本部分研究运用理论分析法等研究方法，其研究过程与研究内容在第五章进行论述。

（五）提出移动互联网情境下新型智慧城市的精准治理之策

根据前文的实证分析，从统一顶层设计、基础设施更新、合理技术支持、商业模式创新、数据开放共享等方面，提出实现新型智慧城市精准治理和提升城市治理能力的策略。本部分研究运用系统工程方法，其研究过程与研究内容在第六章进行论述。

（六）研究结论与展望

研究结论与展望是对全部研究的整体概括，对研究结论进行总结，分析研究的局限性，给出后续研究展望。本部分在第七章进行论述。

二、研究的工作流程

根据基本步骤，绘制工作流程如图 3.1 所示，介绍每阶段研究的研究过程、研究内容与研究方法等。

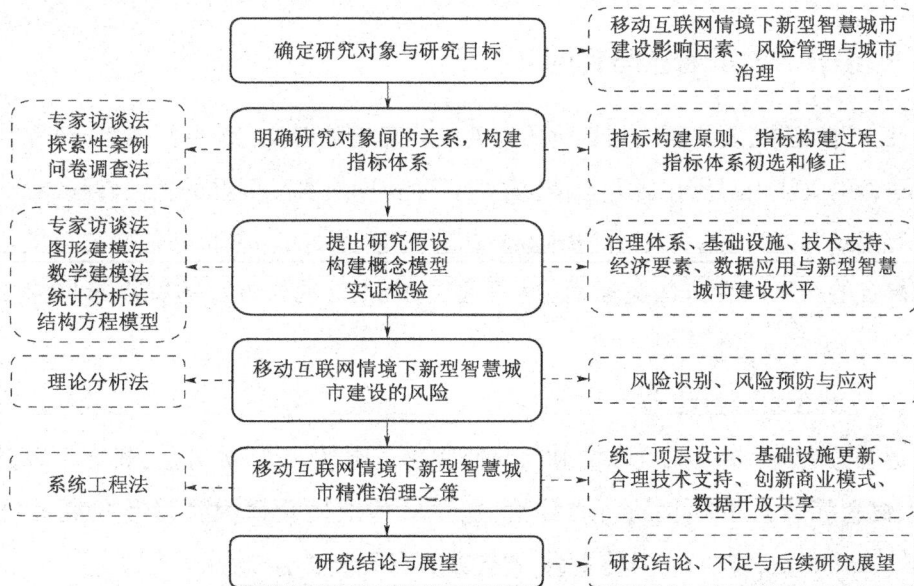

图 3.1　研究过程、研究内容、研究方法示意图

（资料来源：笔者根据研究结果设计和提出。）

由图 3.1 可知,本书按照"确定研究对象与研究目标——构建影响因素指标体系——构建结构方程模型——风险识别与应对——提出城市精准治理之策——研究结论与展望"的逻辑顺序展开,对移动互联网情境下新型智慧城市的建设开展研究,影响因素指标的恰当选取是非常重要的。通过检验可以判断影响因素选择和模型构建的合理性,如果检验结果发现指标体系和模型不可靠,需要重新审视并修正指标体系和模型。

● 第二节　混合方法的研究说明

方法论是解决研究问题的基本工具和利器,我们将混合方法作为总体性的研究设计框架,力求在混合方法研究、数据收集、分析程序等各方面作出贡献。本节主要介绍混合方法研究的特点、目的以及策略设计等内容,以此为依据,开展研究设计。

一、混合方法的特点与目的

在 20 世纪末,质化研究与量化研究处于相互论战时期,21 世纪以后,西方对研究方法论的关注由对质化研究与量化研究的争辩向对实际问题的关注转移,对不同的研究范式和方法更多地包容(Bryman,2007)。基于此,一种将质化研究与量化研究相结合的新型混合方法应运而生(蒋逸民,2009),混合方法的特点与目的分析如下:

(一)混合方法的特点

混合方法是一种将质化研究和量化研究的研究技术、研究方法、研究手段以及语言、概念等结合在一起的研究方法,这是对传统质化研究和量化研究的补充(Burke ,Anthony,2004)。具体来讲,混合方法有两个基本特点:

1. 将质化研究与量化研究的优势相结合

混合方法融合了质化研究和量化研究的优势,在证实研究发现、生成更加完整的数据等方面都具有独特的优势,甚至可以用一种方法获得的结论用于加强或补充另一种方法研究所获得的结论(Morgan,2006)。混合研究不仅继续运用归纳、演绎、外展等研究逻辑,而且为研究者提供了多种回答问题的合理化方法论。因此,研究者可以非常灵活地运用混合方法开展研究,并且能够更好更完全地回答一些较复杂的、整合性的研究问题。

2. 以实用主义为理论基础

混合方法作为量化研究与质化研究之间的中间路线,这不是研究方法论上的折中主义,而是强调实用主义,研究问题和研究结果至上的新的研究策略。混合方法研究要求研究者放弃量化研究与质化研究二元对立的研究范式,在实用主义的理论基础上,以研究问题为导向,将量化、质化两种研究方法结合运用,以克服单独运用其中某一种研究方法所造成的研究不足或研究缺陷,从而提高研究的可靠性与有效性(唐涌,2015)。实用主义哲学将人的认识限定在经验领域,认为经验是认识世界的基础,以采取行动为主要手段,并把获得效果作为最终的研究目的。实用主义者反对非此即彼的观点,主张在研究过程中以研究问题为中心和出发点,将不同的研究视角、立场、态度等融合一体。同时,实用主义者们认为与使用的研究方法相比,研究问题才是最根本最重要的,研究方法的选取应该与研究问题相适应,凡是可以解决问题的方法都是好方法。实用主义的观点为混合方法研究提供了恰当的支持与理论基础。

（二）混合方法的目的

根据混合方法不同的类型,混合方法具有三角互证、互补、发展、启动、扩展等不同的目的:三角互证,即同时使用质化与量化两种研究方法对同一研究问题开展研究,通过对不同研究方法所得结果的比对以获得确证或寻求一致;互补,即用一种研究方法所得的研究结论对另一种研究方法所得的结论进行进一步描述、解释、扩充或者澄清;发展,即先利用一种研究方法,将研究所得结果作为发展另一种研究方法的基础;启动,即通过质化与量化两种研究方法发现能够导致研究问题重构的矛盾点;扩展,即通过多种方法对研究问题中不同的组成部分扩展研究广度和深度(Greene,1989)。

二、混合方法的策略设计

目前学术界对于混合方法的策略设计已基本达成共识,但在具体细节划分上略有不同（Molina-Azorin，2011；Cameron，2011；Venkatesh，Brown，Bala，2013）。现有学者从数据收集顺序、"混合层面、混合时间、方法强调"等不同视角出发对混合方法的策略设计进行了划分。基于数据收集顺序视角的划分有：顺序性解释策略、顺序性探究策略、顺序性转换策略、并行三角互证策略、并行嵌套策略、并行转换策略 6 种混合方法策略设计的划分（Creswell，2011）；主次策略、平行策略、整合策略、确证策略、多维度策略和没有内在逻辑策略 6 种混合方法策略设计的划分（Mason，2006）。基于"混合层面、混合时间、方法强调"视角的划分有：三角互证设计、解释设计、探究设计、嵌套设计 4 种混合方法策略设计的划分（邹宏美，2014）；部分混合同时同等地位设计策略、部分混合同时主从地位设计策略、部分混合前后顺序同等地位设计策略、部分混合前后顺序主从地位设计策略、完全混合同时同等地位设计策略、完全混合同时主从地位设计策略、完全混合前后顺序同等地位设计策略、完全混合前后顺序主从地位设计策略 8 种混合方法策略设计的划分（Leech，2009）；并行设计策略和串行设计策略 2 种混合方法策略设计的划分（Molina-Azorin，2012）等。

在研究过程中，采用 Molina-Azorin 对混合方法研究并行设计策略与串行设计策略的划分（Molina-Azorin，2012），该划分方法将混合方法具体划分为"QUAL+QUAN""QUAL+quan""QUAN+qual"3 种并行设计策略与"QUAL→QUAN""QUAN→QUAL""qual→QUAN""QUAL→quan""quan→QUAL""QUAN→qual"6 种串行设计策略。策略设计中的各符号："+"表示并行；"→"表示串行；"QUAL""qual"都是"qualitative"的缩写，表示质化研究；"QUAN""quan"都是"quantitative"的缩写，表示量化研究；大写字母表示该方法为主导方法，小写字母表示该方法为辅助方法。各种设计策略的具体说明如下：

（一）并行设计策略

混合方法并行设计策略主要有"QUAL+QUAN""QUAL+quan""QUAN+qual"三种设计策略，具体说明如下：

1. "QUAL+QUAN"设计策略

该策略是指混合方法研究中质化研究和量化研究不分主次而且同时进行，两种方法起到三角测量的作用，研究结论相互支撑、相互修正。该设计策略适用于对现存理论或模型进行修正或验证，如果研究者试图在同一研究中使用不同的研究方法对研究结论进行交叉验证、效度分析等，该种设计策略非常适合。在该种研究策略中,质化研究与量化研究相互独立,不存在因果关系。

2. "QUAL+quan"设计策略

该策略是指在整个混合方法研究过程中,以质化研究为主,以量化研究为辅,两种研究并列进行,该种策略的典型特征是"研究由定性归纳式探究驱动"(Colquitt, 2007)。该种研究策略以质化研究构建和验证理论,以量化研究的结论对质化研究的结论起到互补或部分三角测量的作用。虽然质化研究与量化研究的地位有主次之分,但在同一研究中,两种方法的开展并不局限于特定的顺序。如果一项研究想要通过质化研究构建一种原创的管理理论,通过量化研究进行补充或部分验证,该种策略是非常适合的。在该种研究策略中,质化研究与量化研究相互独立,不存在因果关系。

3. "QUAN+qual"设计策略

该策略是指在整个混合方法研究过程中,以量化研究为主,以质化研究为辅,两种研究并列进行,该种策略的典型特征是"研究由定量演绎式推理驱动"。该种研究策略适合深化单一定量方法研究的理论问题,通过量化研究的演绎推理来构建理论框架,利用定量数据验证理论,同时辅以质化研究进行部分三角验证(原长弘,2015),这是目前混合方法研究中比较常见的一种设计策略。在该种研究策略中,质化研究与量化研究相互独立,不存在因果关系。

(二)串行设计策略

混合方法串行设计策略主要有"QUAL→QUAN""QUAN→QUAL""qual→QUAN""QUAL→quan""quan→QUAL""QUAN→qual"6 种,具体分析如下:

1. "QUAL→QUAN"设计策略

该策略是指一种先开展质化研究后开展量化研究的一种两阶段混合方法研究策略,首先运用质化研究构建原创性的理论命题,然后运用量化研究进行验证,质化研究与量化研究的地位平等、权重相同、不分主次、顺序展开,最终整合。该种策略适合提出一种原创的管理理论并加以验证。

2. "QUAN→QUAL"设计策略

该策略是指一种先开展量化研究后开展质化研究的一种两阶段混合方法研究策略,第一阶段运用量化研究验证理论命题,第二阶段运用质化研究对量化研究结果展开更深入和具体的研究。首先运用大样本的实证研究对复杂的管理现象进行实证分析,对假设进行验证;然后运用质化研究探究背后的作用机制,因此在探究管理现象的作用关系及背后的作用机制时,该种策略是非常适合的。

3. "qual→QUAN" 设计策略

该策略是指以质化研究为辅、量化研究为主的两阶段混合研究策略,首先运用质化研究方法设计新的问卷或开发量表,然后运用量化研究方法来验证质化研究的分析结果,使研究结论具有普适性(Molina-Azorin,2012)。该种研究策略中质化研究与量化研究顺序展开,以量化研究为主。

4. "QUAL→quan" 设计策略

该策略是指以质化研究为主、量化研究为辅的两阶段混合研究策略,质化研究与量化研究两种研究方法顺序展开,以质化研究为主,该种研究策略在目前的研究中还比较少见。

5. "quan→QUAL" 设计策略

该策略是指以量化研究为辅、质化研究为主的两阶段混合研究策略,量化研究、质化研究顺序展开,首先运用量化研究廓清问题,然后运用质化研究构建原创性的解释理论,其实质是构建理论而非理论验证。

6. "QUAN→qual" 设计策略

该策略是指以量化研究为主、质化研究为辅的两阶段混合研究策略,量化研究、质化研究顺序展开,首先运用量化研究构建并验证某种因果关系的理论模型,然后运用质化研究对量化研究的研究结论进行解释和拓展,在研究结论部分将量化、质化研究的分析结果进行整合(原长弘,2014)。

总结起来,目前混合方法研究可根据质化研究、量化研究两种研究方法混合的顺序和权重划分为四大类别:第一类顺序混合,在某项研究中首先运用质化研究,然后运用量化研究,或者顺序相反,质化研究与量化研究两个阶段相互独立,表现为数据收集、数据处理和数据分析的相互独立;第二类并行混合,在某项研究中同时使用质化研究与量化研究两种方法收集资料,并通过两种方法的结果进行互补验证;第三类同等地位混合,是指在某项研究中平等地使用质化研究与量化研究两种方法,而不以其中一种方法为主;第四类主次混合,是指研究在某一主导范式及其方法内开展,但同时总体上包含了一小部分另一类范式及其方法,分为质化主导混合和量化主导混合两种类型。

在对现有学者关于混合方法研究策略设计的文献总结基础上,以质化研究与量化研究的顺序设计为横坐标,以质化研究与量化研究的权重设计为纵坐标,将 Molina-Azorin 提出的九种策略设计划分到四个象限中,如图 3.2 所示。

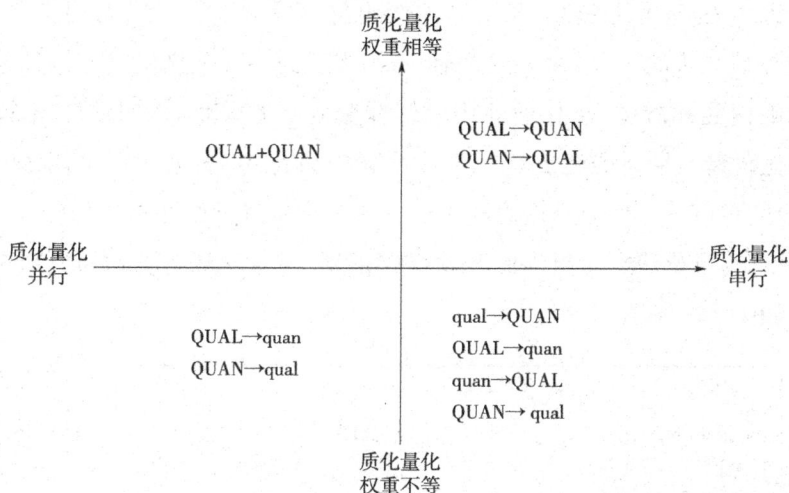

图 3.2 混合方法研究类型

(资料来源:笔者根据相关文献研究整理而得。)

第三节 混合研究策略与程序

我们开展移动互联网情境下新型智慧城市建设研究,首先需要明确移动互联网情境下新型智慧城市建设的影响因素;其次需要明确各影响因素与新型智慧城市建设水平的配置关系;再次需要探究各影响因素对新型智慧城市建设水平的影响路径与程度。因为单一的研究方法不能满足相关复杂数据的收集和处理,所以鉴于研究目的和研究问题,混合方法是一种极为适宜的研究方法。本节将对混合研究策略与程序进行说明。

一、"qual→QUAN"混合研究策略

首先要对移动互联网情境下新型智慧城市建设的影响因素进行识别,但目前对

影响因素并没有统一的界定和标准,因此需要运用质化数据与质化研究方法,以便确定影响新型智慧城市建设的维度和具体分析项,为后续结构方程模型的构建提供依据。在确定研究目的和研究问题之后,发现无论是质化研究还是量化研究,单独某一种研究方法都不能够对相关问题作出完美解答。因此,我们选择"qual→QUAN"顺序研究策略,以质化研究为辅、量化研究为主,质化研究用以探索和识别核心概念的内涵和维度,量化研究用以解释变量间的关系、作用路径与作用程度。这种先质化研究再量化研究的探索性顺序研究设计中,研究主体采用量化研究方法,质化研究只占一小部分。作为嵌入部分的质化研究只为探索量化研究中变量的内涵及维度,为量化研究中量表的开发提供依据,对量化研究方法进行补充。混合研究策略如图 3.3 所示。

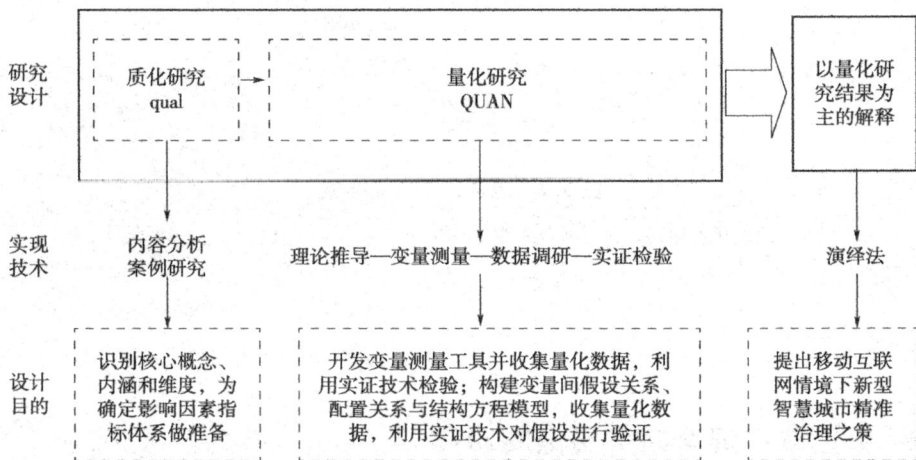

图 3.3 "qual→QUAN"混合方法研究策略

（资料来源：笔者根据研究需要设计和提出。）

由图 3.3 可知,"qual→QUAN"顺序研究策略的设计思路如下:第一,新型智慧城市建设和相关研究都处于发展阶段,对新型智慧城市建设的影响因素尚缺乏统一的界定。第二,定性数据的收集方法对于处理研究边界的问题非常有效,例如探索性案例分析可以比较全面地了解研究对象的背景、发展现状、发展过程、影响因素、产生结果等信息。第三,在开发测量工具的早期阶段,质化方法有助于识别移动互联网情境下新型智慧城市建设的影响因素维度,从而形成和完善对核心概念的测量。因此,在第一阶段,运用案例研究和内容分析等质化研究方法归纳总结了影响新型智慧城市建设的因素维度,为测量量表的开发提供了参考,也为第二阶段变量间关系假设的量化研究奠定了基础。第四,量化研究通常从现有文献研究中梳理研究假设,在质化研究明确了核心概念的基本内涵和构成维度之后,需要考察各影响因素对新型智慧城市建设的影响路径和影响程度,因此,本阶段的量化研究形成研究假设是必不可少的步骤。第五,量化研究能够在随机的实验研究中发挥作用,通过实证研究对假设进行验证,从而增强研究结论的有效性和普适性。

二、"qual→QUAN"策略中质化研究的程序

在质化研究部分,首先以中国为例对新型智慧城市建设现状进行阐述,利用内容分析法做预研究;其次,通过对维也纳、多伦多、纽约、伦敦、东京、柏林、北京、香港、新加坡城、首尔十个智慧城市建设案例的探索性研究,形成新型智慧城市建设影响因素的初步识别和维度划分;再次,通过 Elsevier Science、EBSCO、CNKI、UMI 博士论文全文数据库、维普中文网、万方数据库等搜索引擎和数据库检索现有相关文献,初步呈现现有文献中的新型智慧城市建设影响因素,结合探索性案例研究结论和移动互联网情境,进一步缩小指标的选取范围;最后,对相关研究领域的专家开展开放性访谈,对影响因素的维度和具体测量题项不断进行修正,最终确定移动互联网情境下新型智慧城市建设影响因素指标体系初始集。质化研究方法的具体实施过程见第四章。

由于质化研究通常采用目的性抽样,案例研究往往还需要其他的论据来支持其结论的普适性,因此,研究项目将参考内容分析与案例研究的研究结论对研究问题开展大样本实证检验。

三、"qual→QUAN"策略中量化研究的程序

实证主义带来了以经验与科学为基础的哲学体系,遵循自然科学的研究思路,认为事物内部和事物之间必然存在某种逻辑关系,对事物的研究就是要找寻这些关系,并通过理性工具的分析对这些关系进行科学论证(Johnson,2004)。量化研究基于实证主义,其基本的研究程序是:研究者根据现有理论基础确定具有因果关系的各种变量,并构建变量之间关系的假设,然后使用某些经过检测的工具对这些变量进行测量与分析,从而对研究者预设的假设进行验证。量化研究有一些预设的前提条件:首先,研究对象独立存在而不依赖于研究者;其次,事物本身具有内在的、固定的、可以重复发生的规律;再次,事物的量化维度可以用来计算事物的本质。

本书的研究问题之一是移动互联网情境下新型智慧城市建设影响因素识别、影响路径和影响程度，此研究问题需要通过量化研究才能予以解决。而其中的主要变量之间的关系已经具备了一定的理论基础，在梳理现有理论的基础上，构建了各影响因素与新型智慧城市建设水平的结构方程模型。

在量化研究部分，首先在线对相关领域专家开展问卷调查，运用探索性因子分析、验证性因子分析、相关分析等方法对质化方法选取的指标进行量化分析，对指标体系进行修正，获得移动互联网情境下新型智慧城市建设影响因素指标体系修正集；其次，运用结构方程模型分析，对研究假设进行验证，得出结论。量化研究方法作为研究设计的主体和主导研究范式，具体实施过程见第四章。

● 第四节　指标体系的构建过程与方法

指标体系的构建需要遵循一定的基本原则，按照一定的工作流程逐步展开，本节将对指标体系构建的基本原则与工作流程等进行阐述。

一、指标体系构建的基本原则

移动互联网情境下新型智慧城市建设的影响因素众多，在遴选指标时需要遵循一定的原则，具体如下：

（一）系统性原则

新型智慧城市建设是一个复杂的系统，仅用单一指标很难全面反映，因此需要构建多层次、多指标的指标体系。这些指标应围绕同一主题进行设定，具有清晰的内在联系，同时这些指标之间又相互独立，不包含相关或重叠的信息。

（二）科学性原则

指标体系是否科学可靠直接关系到评价的质量，评价指标体系的建构应遵循科学性原则，反映真实的情况。科学性原则体现在三个方面：其一，指标体系的构建应该具有科学依据，能够客观反映被评价对象的基本特征和属性；其二，指标必须被明确界定,有科学内涵,并且简洁明了;其三,指标的计算方法和数据处理应该科学合理。

(三)功能性原则

评价指标应具有相应的评价功能,例如描述、解释、评价、监测、预警、决策等。描述功能即指标体系能够反映被评价对象的状态,说明"是什么"的问题;解释功能即说明被评价对象处于某种状态的原因,说明"为什么"的问题;评价功能即反映被评价对象所处的等级或水平,用于横向或纵向的比较,说明"怎么样"的问题;监测功能即反映被评价对象状态的变化,说明"如何发展"的问题;预警功能即反映被评价对象不合格状态的程度,说明"欠缺程度"的问题;决策功能即指标必须为决策提供支持,说明"怎么办"的问题。

(四)可操作性原则

可操作性原则体现在两个方面:一是选取的指标具有获得数据的可行性,尽量使用开发统计部门现行的定量统计指标,减少主观定性指标;二是设定的评价标准要以现实为基础,能够得到普遍认同。新型智慧城市建设涉及的因素非常多,在开展研究时不可能面面俱到,应结合移动互联网情境,选取有针对性和代表性的指标,目前无法获得或很难获得准确数据的指标应该放弃。

(五)动态性原则

指标体系的构建必须遵循动态性原则,体现在指标的动态变化和标准的动态变化两个方面:一方面,不同时期、不同环境背景下的新型智慧城市建设的特点和侧重点都是不同的,在构建指标体系时不仅要包括普遍适用的指标,更要根据情境变化相关指标;另一方面,城市是在不断向前发展的,各指标的衡量标准也是不断发展变化的,因此指标的标准应该是动态变化的。

二、指标体系构建的工作流程

根据现有文献研究发现,对新型智慧城市建设水平影响因素的研究成果还比较少,因此本书借鉴已有研究成果,在已有智慧城市建设的探索性案例分析基础上,结合移动互联网情境和新型智慧城市建设的特点与需求,根据以上指标选取原则,从治理体系、基础设施、技术支持、经济要素、数据应用五个维度选取指标,构建指标体系。指标体系的构建过程具体如图3.4所示。

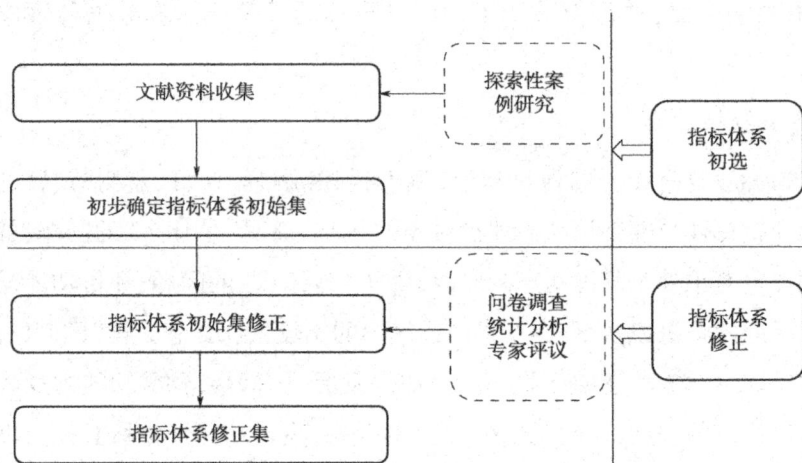

图 3.4　新型智慧城市建设影响因素指标体系的构建过程

(资料来源：笔者根据研究思路整理而得。)

由图 3.4 可见，指标体系的构建过程分为指标体系初选与指标体系修正两个阶段，通过文献资料收集、探索性案例研究等方法确定指标体系初始集，并通过专家评议、问卷调查、统计分析等方法对指标体系进行修正，最终得到指标体系修正集。具体工作流程分述如下：

(一) 指标体系初选

在初选指标时，要将对新型智慧城市建设影响程度大、影响范围广、影响不可逆的各种指标重点列入选取范围，同时要避免内容繁杂冗余以致增大不必要的工作量。因此，移动互联网情境下新型智慧城市建设影响因素初始指标的选取需要遵循一定的流程与方法。

1. 指标初选的流程

初步确定指标体系是一个先演绎后归纳的过程。首先，根据相关文献，运用频数统计法确定最初的指标体系，即通过对目前有关新型智慧城市建设与影响因素研究的论文、书籍、报告等文献资料进行频数分析，筛选与研究项目相关且出现频率较高的指标，这是一个演绎的过程；其次，在这基础上，运用半结构化访谈、问卷调查、专家评议等方法，筛选出具有共识的、公认的重要影响因素指标体系；再次，以各指标出现次数的中位数为标准，选取出现次数超过中位数的指标，并交由专家进行评议，筛选出具有共识的重要影响因素指标体系，同时补充专家认为非常重要的指标，一起列入指标初始集;最后,根据系统性、科学性、功能性、可操作性等指标确定原则,以专家评议筛选的指标体系为基础,采取归纳法与综合法确定初始指标体系,这是一个归纳的过程,具体流程如图 3.5 所示。

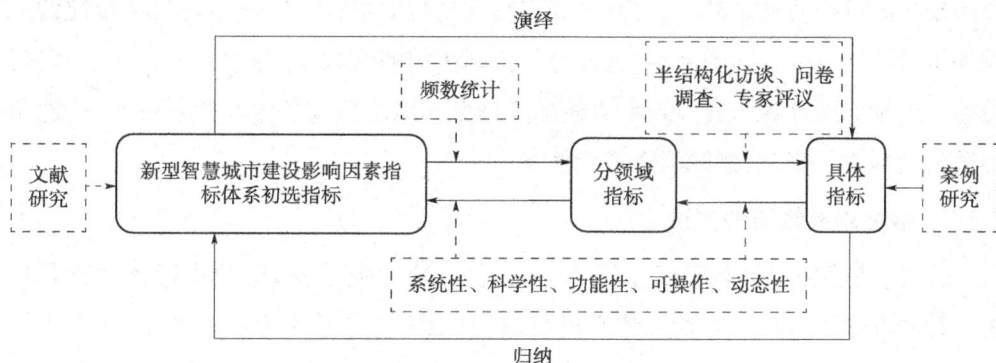

图 3.5　初步确定评价指标体系的流程图

(资料来源:笔者根据研究需要设计和提出。)

2. 评价指标初选的方法

为有效识别新型智慧城市建设的影响因素,从治理体系、基础设施、技术支持、经济要素、数据应用五个方面选取指标,为避免指标的主观性,我们均选取反映社会客观现象的客观指标,所有指标均能通过国家统计局等获得客观数字。

影响新型智慧城市建设的因素来源主要有三个方面:一是现有文献中新型智慧城市建设影响因素研究中出现的指标;二是国家智慧城市标准体系和智慧城市评价指标体系中出现的指标;三是在案例研究中发现的影响新型智慧城市建设的指标。采用频数统计法从指标的三个来源中对影响因素指标进行理论预选,从所有指标中选出使用频率较高的指标作为初选指标。

(二)指标体系修正

在最初确定影响因素指标时,由于考虑的因素非常多,这些指标可能会存在界定不清晰、数据不好获得、指标之间含义有交叉等各种问题,因此需要对初选指标进行增、减、替换等处理,以提高指标的测量信度和效度。我们通过问卷设计与发放、专家评议等进行样本收集,对影响新型智慧城市建设的因素指标体系初始集进行修正。修正过程需要遵循一定的原则与方法,分述如下:

1. 指标修正遵循的基本原则

本书对初始指标体系的修正过程遵循三个基本原则:其一,删除或替换对新型智慧城市建设贡献甚微或数据非常难获得的指标。在最初选定的指标中，有些指标对新型智慧城市建设的贡献度比较小，删除这些指标不会有太大影响，直接将这些指标删除；有些指标极难获得准确的数据，或获得准确数据需要花费极高的成本，也直接剔除或进行替换。其二，合并含义有交叉的同类指标。有些指标可能反映的是被评价对象同一个方面的特性，为使评价指标更简明有效，将这些指标合并。其三，检验每个指标的计算内容、范围、方法的正确性。广泛征询各方面专家的意见，对不合适的指标进行修改，最终确定指标体系。

2. 指标体系修正的方法

首先，通过召开专家评议会议，充分吸收专家意见，对初选的指标体系进行修改、增添或删除等修正，对指标体系进行修正。其次，进行小样本预测试，结合预测试受访者的反馈确定正式问卷。再次，通过大规模发放调查问卷（附录二）的形式，验证指标体系的信度和效度，通过探索性因子分析、验证性因子分析、相关分析等统计方法对指标体系进行筛选，最终确定科学合理的新型智慧城市建设影响因素指标体系。在项目研究中使用五点式李克特（Likert）量表作为变量的测量工具，计分刻度为从 1 分到 5 分，分别对应"很不符合""不太符合""基本符合""比较符合""非常符合"。受访者的评价分数越高，表明测量题项所代表的影响因素对新型智慧城市建设的影响程度越高。

第四章

新型智慧城市建设的现状与影响因素

● 第一节　智慧城市建设探索性案例分析

2004 年，日本和韩国都推出了基于物联网的国家信息化战略 U-Japan 和 U-Korea；2007 年，欧盟提出一整套智慧城市建设目标和框架；2010 年，美国提出加强智慧型基础设施建设和推进智慧应用项目计划；2015 年，新加坡提出新的信息化产业十年计划……智慧城市建设在全球范围内广泛开展，各国都注意到新一代信息技术在城市建设与发展中的重要作用，纷纷对城市进行重新定位，重新打造城市构架，创造了众多智慧城市建设典型案例。本节通过对各国智慧城市建设案例的总结梳理，进而对新型智慧城市建设的影响因素开展探索性分析。

一、智慧城市建设案例

（一）维也纳

维也纳是奥地利首都，也是最早提出建设智慧城市的欧洲城市之一。2014 年，维也纳正式发布《维也纳智慧城市战略框架（2014—2050 年）》，成为第一套为"智慧城市维也纳"量身定制的官方战略文件。秉持以人为本的理念，维也纳不断挖掘城市变革和动态增长的机会，成为欧洲智慧城市建设的领跑者。在《2019 智慧城市战略指数》报告中，维也纳智慧城市战略凭借其"强有力的战略框架与数字化议程"在全球 153 座城市中排名第一。

1. 统一的治理体系

维也纳智慧城市建设具有非常清晰的顶层设计和逻辑，遵循生活质量、创新和资源保护三大基本原则，提出 7 个首要目标，将"全球最高生活品质的城市""在政策设计和管理活动中注重社会包容"两个目标作为首要目标，并提出 12 个主题领域的战略框架，以点、线、面的方式拓展战略布局。统一的顶层设计明确了维也纳智慧城市的建设方向，避免出现项目决策的偏差。除顶层设计外，维也纳还提出一套多利益相关方协调战略，这是维也纳智慧城市建设的一大亮点。该协调战略明确了政府、企业、公众的伙伴关系,推动研究伙伴、联盟伙伴等协同关系的建立,形成效率矩阵。

此外,维也纳市政府在智慧城市建设项目采购方面制定了统一的采购标准,强化了维也纳政府对智慧城市建设的统筹引领和顶层设计。维也纳也是世界上第一个正式实行政府采购绿色标准的城市。

2. 智慧基础设施建设

在智慧城市建设方面,维也纳非常注重智慧交通基础设施、智慧排水设施、智慧供暖设施、智慧能源设施等基础设施的建设和使用。例如,智慧交通基础设施建设方面,建设了很多公共自行车停驻站,在停驻站放置终端机,帮助公众进行注册、租赁、查询车辆信息、车辆损坏报修等操作。智慧交通服务中心会根据停驻站终端机反馈的信息及时作出响应,以保障公共自行车租赁业务的顺利进行。智慧排水设施建设方面,维也纳在地下管网的各大枢纽区安装了监测设备,对管网内污水的流速、流量、水位等情况进行分层监测和实时监控,实时掌握管道淤积情况,保障雨水及时疏通,随时跟进对排水管网的智能化管控。智慧供暖设施建设方面,使用燃烧和气化技术将回收的固态垃圾和废水转化为新能源,用以满足居民的供暖和热水需求。通过供暖基础设施的改造更新,降低了供暖设备的能耗率和二氧化碳的排放量。智慧能源设施建设方面,采用可再生能源和先进的节能技术,减少高耗能设备的使用。

3. 数据开放

维也纳建立了"开放政府模型",提出开放政府数据计划,并设立了一个特定的数据开放门户。开放性和数据性是维也纳建设开放政府的重点,开放性强调增加数据价值,数据性强调政府处理和运用数据的能力。为了打造富有活力的数据生态系统,维也纳不断扩大数据开放范围,积极推进政府数据开放。除政府外,企业也积极构建数据开放系统,例如维也纳港和维也纳自然资源与生命科学大学共建开放性实验室,以为解决物流问题提供多方参与的平台。

(二) 多伦多

多伦多是加拿大的国家金融中心和重要港口城市,在全球十大智慧城市排名中位列第二,在信息基础设施建设、信息技术应用、电子政务、信息服务产业等各方面都取得优异成绩。

1. 信息基础设施建设

通过引入私人领域开发商提供启动资金,多伦多市湖滨社区打造全新尖端网络设施，该光纤设施覆盖湖滨 East Bayfront（东部湖湾区）和 West Don Lands（西部当河区）地区内的所有建筑。社区内的居民和企业可直接与光纤相连，享受每秒100兆比特的高效互联网服务、无线社区网络及社区特有的门户服务等，为该地区吸引更多数字媒体及其他创新企业加入创造新的机遇。

多伦多于2011年9月开通 LTE（Long Term Evolution，长期演进）商用网络，与2G、3G通信相比，4G通信具有通信速度更快、网络频谱更宽、通信更加灵活、智能性更好、兼容性能更平滑、服务种类更多、通信质量更高、频率使用效率更高、通信费用更低等优点。TD-LTE 无线网络作为国际电联4G通信技术标准之一，以此向消费者和商务用户提供最优质的网络服务。

电力呼叫中心平台采用 VAA 多媒体交换机系统，该平台具有业务咨询、自助查询、故障申报、抢修派单、调度管理、自动催缴与缴费、客户资料管理、远程抄表、运行监控管理、数据接口管理等功能，确保客户与电力部门的正面连接。实现用户对电力消费情况的自我管理和电力公司对整个电力行业的智能管控。

2. 信息技术应用

在智慧城市建设过程中，多伦多将新一代信息技术广泛应用于交通、教育、城市管理等环节。在智慧交通方面，利用信息技术实现高速公路不停车电子收费和道路交通信息采集，使交通状况得到很大改善，运输效率提升。在智慧教育方面，运用信息技术开展线上教学、线上研讨会等，拓展教学方式，并实现教学的智能化管理和服务，满足不同学习者的学习需求，提高教育的公平性。在智慧管理方面，采用新型科技天然气引擎环保节能垃圾车，降低城市环境和噪声污染。

3. 电子政务

多伦多建立了电子政务网站"Wellbeing Toronto"，公众可以利用网站了解社区的就业率、犯罪率、教育资源、住房供给、托儿服务、交通状况等众多信息，帮助公众提高生活品质。同时，政府可以根据网站上公布的民情信息，采取相应措施和行动，以便为公众提供更好的公共服务。

4. 信息服务产业

多伦多信息服务业企业的密集程度居加拿大之首，主要涉及软件、硬件、新媒体、通信设备、半导体、有线和无线服务等多元化企业。以信息通信技术为首的新技术应用，渗透了多伦多市几乎所有经济领域。多伦多极具竞争优势的信息产业吸引了 SAS 加拿大公司等众多世界领先高科技企业入驻,通过信息服务业集群发展战略,多伦多已成为全球信息服务业研究与商务投资领域最具创新精神的区域之一。

（三）纽约

纽约是美国最大的城市,也是世界经济中心之一,通过智慧化建设,纽约已经成为全球知识中心和创新中心。纽约智慧城市建设是以技术驱动为主要特征的,因此在信息技术应用方面成绩卓著。

1. 信息技术应用

在纽约智慧城市的建设过程中,信息技术广泛应用于医疗、教育、交通、基础设施更新、城市管理等诸多领域。在智慧医疗领域,纽约在 2005 年便已经启动了电子健康记录系统。纽约市的各大医院和社区医疗保健机构普遍采用全套电子病历系统,该系统的使用使医生可以非常便捷地查阅病人的就诊记录,提高诊断的准确性和效率。同时,移动医疗得到广泛的开发和利用,居民随时随地就诊成为现实。在智慧教育领域,各大校园广泛使用无线射频识别、传感器等技术,创建智慧读者服务和教学管理信息系统,实现自动图书管理和教务信息智慧化管理。除此之外,还通过信息技术打造教学管理的个性化定制。在智慧交通领域,纽约已经建成一套覆盖全市的智慧交通信息系统,能够及时跟踪监测全市所有交通状况的变化,方便机动车驾驶者根据信息系统发布的交通拥堵情况选择行驶路线,也可以帮助交通管理部门根据监控系统提供的道路状况进行交通疏导。同时,纽约在全市范围内推行快易通电子不停车收费系统,这种系统的使用使每辆车的收费时间耗时不到两秒,极大地提高了交通效率。在基础设施更新领域,在下水道井盖下方安装电子监视器,对下水道中的水流、水质、堵塞等情况进行实时监测。工作人员可以根据监视器反馈的信息及时采取相应的措施,最大程度防止灾害的发生。

2. 电子政务

纽约智慧城市在电子政务的开展方面,也是成绩显著的。纽约曾颁布《开放数据法案》,将人口信息、交通信息、教育信息、住房信息、停车位信息、旅游景点信息、犯罪记录等与公众生活密切相关的信息,通过公共网络向公众开放。并改造升级政府部门的电子邮件系统,建立"纽约市商业快递"网站,进一步提高政府工作效率和服务水平。

（四）伦敦

为打造世界数字之都,伦敦曾先后提出"电子伦敦"和"伦敦连接"计划,在信息基础设施、信息技术应用、数据开放等方面取得突出成就。

1. 信息基础设施

伦敦为打造欧洲网络最畅通的城市,不断推进有线网、无线网等数字网络基础设施建设,公众可以利用地铁站、博物馆、艺术中心、歌剧院等公共场所提供的免费Wi-Fi,享受各种网上服务。

2. 信息技术应用

伦敦的智慧城市建设,将信息技术广泛应用于智慧交通、智慧建筑、智慧城市管理等领域。在智慧交通建设方面,传感器技术得到广泛应用。例如,乘客随时可以在安装了传感器的站台显示牌上了解车辆抵达时间和终点站;站台通过传感器可将等候的乘客发送给控制中心,方便调度人员控制车次和出车时间间隔;交警通过安装传感器的移动终端迅速获取违反车辆的车速、违反条款以及罚款数目等信息,提高基层交警处理违反交通规则事件的效率。又如,伦敦的火车均安装了全球定位系统,方便交通控制中心掌握火车的位置和行驶情况。在智慧建筑建设方面,使用可再生能源和技术降低建筑物能耗。例如贝丁顿社区打造了英国最大的低碳可持续发展社区,采取建筑隔热、智能供热、天然采光等设计,综合使用太阳能、风能、生物能等可再生能源,与普通社区相比,该社区可节约81%的供热能耗以及45%的电力消耗,成为世界上第一个"零二氧化碳排放"社区。在智慧城市管理方面,虚拟伦敦项目采用GIS、CAD和3D虚拟技术,将伦敦西区45 000座建筑进行模拟,其成果覆盖近20平方公里的城区范围,为城市地理信息系统在城市景观设计、交通控制、环境污染控制、减灾等诸多方面的应用提供新的视角。高科技垃圾箱遍布伦敦各个地区,这些数字化垃圾箱不仅可以通过无线信号指导居民对垃圾进行分类回收,还可以收集天气、气温、时间以及股市行情动态等信息,还能够有效防止恐怖袭击,在一定程度上确保了城市管理有序进行和居民人身安全。

3. 数据开放

伦敦很早便提出了电子政府的概念,并且创立了开放数据网站,该网站将伦敦市政府、机构、数据捐赠者公布的数据整合到一个公共的数据库,并提供多种数据搜索方式和数据下载功能。通过开放数据网站,公众能够免费获得教育、医疗、运输、农业、犯罪、社会保障等多方面的统计数据。而且政府组织研发出移动设备应用软件,使公众通过手机终端就可以轻松浏览编辑这些开放数据,使得浏览、查询数据更加便捷。

(五)东京

东京作为日本的政治中心、文化教育中心以及海陆空交通枢纽,在智慧城市建设方面具有统一的治理体系,在信息基础设施建设、信息技术应用、经济要素投入、数据开放共享等方面均取得突出成就。

1. 统一的治理体系

2020 年 9 月,日本内阁明确将数字化转型提升为重要国策,同年 11 月明确提出将在 2021 年 9 月 1 日成立数字厅作为数字化转型的"司令塔"。数字厅以促进国家、地方行政的信息化和数字化转型为目标,是一个主要负责信息与数字技术领域的独立省厅,由首相直接管辖。同时,数字厅还被赋予了优先权限,可以向不遵从总体方针的其他省厅提出建议。早在国家提出数字化转型战略前,东京都政府已经制定了"未来东京"的战略构想。东京将原有的战略构想与国家数字化转型战略相结合,将东京智慧城市建设纳入统一的顶层设计中。

"智慧东京"实施战略的总体目标是:通过数字化服务来提高东京市民的生活质量,实现安全、多元、智慧三大城市建设目标。为实现该目标,提出了"互联东京""城市数字化""都厅数字化"三大任务,每个重点任务下设典型应用场景。为实现每一个具体场景,设想了场景落地的目标、可能的技术路径和具体举措。

2. 信息基础设施

"智慧东京"战略中的"互联东京"目标主要依靠推进 5G 技术试点和信息基础设施建设实现,同时加速教育机构、公共服务机构的通信基础设施建设,进一步提高网速并对低收入群体和老年人提供支援服务。

3. 信息技术应用

在东京智慧城市建设过程中,信息技术被广泛应用于医疗、教育、交通等领域。在智慧医疗建设领域,东京各类医院已经普遍使用电子病历系统,该系统整合了各种临床信息,极大方便医生进行诊断和治疗。医生和护士可以使用电脑操作,也可以使用移动终端进行操作,实现了医护环节的无线网络化和移动化。通过家中设置的传感器,可以将患者的生命体征数据随时传送到医院的数据系统,通过医疗健康云计算系统分析患者情况，帮助医生提供迅速、便捷的远程医疗服务。在智慧教育建设领域，东京的各大校园普遍使用校园网平台，公布学校的各项活动通知、就业信息等，普遍建设了电子图书馆和数字化校园，增加电子图书和电子期刊的资源数量，为教学和科研活动提供丰富的数字化资源，实现校园从硬件基础设施到信息资源的全方位数字化建设。并通过远程教育系统，实现教学资源的信息共享。在智慧交通建设领域，东京市政府提出"智能化高速公路"计划，利用信息技术对所有公路状况进行监测，提升城市公路运行安全管理智能化水平。

4. 经济要素投入

在东京智慧城市建设方面，东京市政府设置了"智慧东京"建设专项行政预算，仅 2020 年一年就投入 158 亿日元（折合人民币约 9.6 亿元）。还设立了资金规模达 500 亿日元的"智慧东京促进基金"，建立财政投入与建设专项保障机制，向地方政府提供专项财政支持，并允许地方政府灵活使用预算。

5. 数据开放共享

智慧东京建设非常强调数据的重要作用，提出基于自然气象数据、基础设施数据、生活和经济数据，打造"开放式大数据平台和 AI 应用"（东京数据高速公路），支撑"城市数字化"任务中各类场景的实现以及东京奥运会的 5G 与 Wi-Fi 环境建设，并制定了数据标准化方针，以提高国家数据开放程度，通过代码开源减轻行政投入。

（六）柏林

柏林的智慧城市建设主要由柏林市政府为促进经济社会发展而成立的专门机构柏林伙伴公司负责，其智慧城市主要致力于节能环保领域的建设，在信息技术应用、多元参与、数据开放等方面取得突出成绩。

1. 信息技术应用

柏林"被动式节能住宅"建设处于世界领先水平。信息技术在柏林被动式节能住宅的建设中得到了广泛应用，例如运用可再生能源、自动通风系统等，实现被动式节能住宅的低能耗，对减少城市建设中二氧化碳排放量，改善生态环境具有重要的节能作用。

2. 多元参与机制

柏林在智慧城市建设方面采用 PPP（Public-Private-Partnership，政府和企业合作）模式，通过政府与企业的合作，提高智慧城市建设质量。政府与企业的合作分为两种模式：第一种是政府在智慧城市建设的某个领域提出顶层设计，通过财政补贴的方式引导企业开展建设工作；第二种模式是借助德国西门子、宝马等大型企业以城市作为试点进行推销产品或服务，促进当地政府与企业的合作，依托企业的创新技术实现城市的智慧化发展。

3. 数据开放共享

柏林非常注重数据的开放与使用，截至目前，已经有超过800个数据集可供柏林市民使用，在开放数据集中包含教育、医疗、交通、旅游等多方面的数据。数据的开放与共享可以帮助政府识别和解决公众的问题，也可以提高政府官员的责任感，同时能够创造新的商机。

（七）北京

北京是中国的首都，同时也是推进中国智慧城市建设的领头羊。在推进智慧城市建设的过程中，经历了"数字北京""智慧北京1.0""智慧北京2.0"三个阶段。2021年3月，北京市发布了"十四五"时期智慧城市行动纲要，围绕"建设全球新型智慧城市标杆城市"的总体目标，将智慧城市作为"政府变革新抓手""智慧生活新体验""万亿产业孵化器""科技创新策源地"，全面进入"智慧城市2.0"阶段。

1. 统一治理体系

北京市制定了智慧城市四级规划管控体系，作为全市统一的"一张蓝图"。通过建立任务指引发布、规划设计编制、规划设计评估、领域跟踪支撑、实施效果评价、政策标准完善的管理闭环，推动政府治理方式的变革。四级规划管控体系由四部分组成：一是规划编制评审体系，对智慧城市建设的总规、控规、感知体系、算力平台等全局规划，及部门规划、分区规划和领域专项顶层设计进行全生命周期评审，最终形成清单入库；二是实施动态监督体系，从规划全周期、项目全周期和企业白名单三个维度上进行动态监督；三是政策法规和标准规范体系，包括相关的法律法规、制度办法和标准规范；四是统筹技术支撑体系，包括规划和项目的全周期管理、企业白名单管理及"七通一平"基础设施的统一管控。

2. 信息基础设施

北京市在大数据行动计划"四梁八柱深地基"的总体设计基础上，按照"统分结合、串并协同、能用尽用、能汇尽汇"的原则，进一步规划智慧城市共性基础平台的总体框架，形成共性支撑、相互贯通的统一体系——"三七二一"架构。同时优化产业结构，把绿色低碳发展理念纳入宏观经济治理发展大局。其中："三京"指面向百姓的京通、面向政府部门的京办及面向领导决策的京智（城市大脑）；"七通"指"一码"（城市码）、"一图"（空间图）、"一库"（基础工具库）、"一算"（算力设施）、"一感"（感知体系）、"一网"（通信网络）及"一云"（政务云）；"两保障"指标准规范体系和安全保障体系；"一平"指大数据平台。

在北京地区，截至 2022 年 5 月，共建成并开通了 5.6 万个 5G 基站，平均每万人拥有 25.8 个 5G 基站，在全国名列第一。北京固网宽带发展非常快，已经建成全国首批千兆城市，百兆光纤用户占比 95.5%，千兆光纤覆盖率达到 90% 以上。高水平的网络基础设施为云计算、大数据、物联网、算力网络等技术和应用的发展提供了强大的驱动力，正在推动北京新型智慧城市大步向前发展。

3. 信息技术应用

北京部署上线了无线基站碳排放可视化系统，该系统拉通了 BMO（电信行业大数据领域的三大数据域，B 域、M 域、O 域）域，能够实时采集 5G 网络能耗数据，实现无线基站能耗信息的自动采集、分析和统计功能。在此基础上，构建绿色智能能耗管理运营平台，可以持续优化基站的能耗，支持双碳战略目标的达成。北京积极推进技术、产品创新，运用数据中心智能运营管理等举措来促进 5G 网络的低碳平衡发展，在设法降低 5G 设备能耗的同时，还在全网部署了基站 AI 节能策略，实现多频多制式协同节能，智能调节低业务量时的射频资源，从网络角度进一步降低能耗，站均功耗下降达到 18.7%，每年基站网络节能可达 2 000 多万千瓦·时。

(八) 香港

香港的智慧城市建设主要体现在信息基础设施建设、信息技术应用、电子政务等方面。

1. 信息基础设施

网络宽频服务是物联网、云计算等新一代信息技术的基础，香港的宽频网络覆盖广泛。由于光纤的普及，香港主要网络服务公司的网络连接速度均在 100 兆以上，某些网络服务商的互联网宽频服务网速可达 1 000 兆。

香港无线网络设施铺设同样取得巨大成就。2008 年，特区政府推出"Wi-Fi 通"计划。如今，在所有公共图书馆、政府机构大楼、文化中心等公共场所，用户通过智能手机、iPad、笔记本电脑等互联网移动终端设备均可免费使用"freegovwifi"无线网络。截至 2022 年 6 月 30 日,香港的公共 Wi-Fi 服务热点达到 85 691 个,基本覆盖城市所有公共场所。同时开发免费 App 应用程序,切实满足人们随时随地上网的需求,不断提升香港智慧城市发展的内在活力。

2. 信息技术应用

信息技术在香港智慧医疗、智慧交通、智慧运输等领域得到了广泛应用。在智慧医疗领域,运用信息技术打造了"医健通",香港医院管理局推出"公私营医疗合作——医疗病历互联实验计划及电子健康记录互通系统",通过医疗病历互联平台,私营医疗服务提供者可在得到病人同意下查阅其电子病历。目前,已有大量私营医疗机构参与该计划,实现私立医院与公立医院间的互联互通。通过电子健康记录系统,医生可根据病人的医疗记录和健康记录,以做出更为准确的医疗措施。在智慧交通领域,香港已建成一个综合型的 GIS(Geographic Information System,地学信息系统)系统,包括基本制图、专题信息、城市规划信息和地理信息检索等子系统,满足了政府和公众服务要求。香港的智能交通系统涵盖了从宏观到微观交通的各个方面,主要包括:区域交通控制系统、互联网上广播闭路电视影像、交通管制及监察系统、自动收费系统、八达通、电子停车收费系统、冲红灯摄影机及侦速摄影机、行车时间显示系统、行车速度图、交通控制中心、行车速度屏、交通及事故管理系统、无人驾驶飞机(无人机)系统等。智能交通系统提供的运输资讯以及发放全面的交通路况信息,不仅为出行者了解交通情况提供方便和便捷的服务,同时有助于政府部门对交通情况的有效监控和管理。在智慧运输领域,政府采用广泛的先进科技管理交通,并且通过与私营、学术及专业机构合作,促进发展及提供增值的运输服务。智能运输系统组织在香港智能运输系统的发展亦扮演着重要的角色。无线射频技术在香港机场行李确认及管理方面得到广泛应用。香港机场安装无线射频识别(RFID)行李确认及管理系统,与传统的行李分拣系统不同,该系统的行李标签里安装识别芯片,芯片记载有关该行李的简单信息,如行李主人姓名、航班号等。在行李分拣时,分拣系统通过无线电信号可实现以非直线的角度快速、自动读取行李信息,识别率高达 97% ~ 100%,而传统条码识别只能以直线角度在视线内识别,且识别率仅为 80%。香港机场无线射频识别行李确认及管理系统保障了行李分拣的准确度和机场工作效率。

3. 电子政务

为了方便大众网上办事等事宜,推出一站通网站 www.gov.hk。一站通网站是香港特别行政区政府的一站式入门网站，为市民提供广泛的资讯和服务。一站通网站通过提供一系列政府资讯和服务，向各界提供服务。2016 年，一站通升级为适应性网页设计，以方便居民使用移动设备（例如手机或平板电脑）登录网站。适应性网页设计会自动调整内容，以符合不同的屏幕大小、解析度及方向，为使用者提供最佳的观看和互动体验，让浏览更顺畅，使用更方便。并于 2019 年 12 月进一步优化网站，让使用者更快捷地找到最热门的政府资讯及服务，并以"懒人包"的方式呈现。一站通整合特区政府不同部门职能，有利于特区政府各部门之间信息共享和政府云建设。

（九）新加坡城

2006 年 6 月，新加坡城启动了第 6 个信息化产业十年计划，即 2015 版计划。该计划的提出，是为了应对和解决城市病等社会问题，新加坡的愿景是在全岛无缝整合 IT、网络和数据，从而在根本上改变人们的生活、社区和未来。2014 年，新加坡公布了 2025 版十年计划。这份计划是前面计划的升级版，城市管理服务进入新的阶段，智慧城市建设也由智能化向智慧化迈进。新加坡提出"社会公众始终是智慧政府建设中的核心"，并出台了一系列举措，践行"以人为本"理念。

1. 城市治理体系

新加坡城在智慧城市建设方面，具有统一的城市治理体系，主要体现在智慧交通管理体系、公共安全监管体系等方面。在智慧交通管理体系方面，推出智能交通系统，将公交车、出租车、城市轨道交通、城市高速路监控、道路信息管理、电子收费、交通信号灯等各大子系统全部连接起来，加强对车辆最佳行驶路线、繁忙时间道路控制、公共交通的配合和衔接，为公众提供优质便捷的出行服务。在智慧公共安全监管体系方面，建立新加坡城统一的城市公共安全信息平台，通过实时监测城市公共安全运行情况，实现对影响城市公共安全事件的快速发现，实时响应、协同处置的统一监管、信息集成、高效协同指挥，并将城市公共安全各单一业务及监控系统相互融合，实现信息交互和数据共享。

2. 多元参与

新加坡智慧城市建设的多元参与体现在电子政务的建设与发展，新加坡积极推动政府机构办公自动化，推进政府跨部门行政业务流程的自动化与集成化，建立了以市民为中心，市民、企业、政府合作的电子政务体系，市民和企业能够随时随地参与各项政府机构的决策。

3. 信息基础设施

新加坡 2025 版计划围绕"连接（Connect）""收集（Collect）""理解（Comprehend）"的"3C"核心理念，积极布局智慧基础设施。一是搭建城市数据库系统。新加坡智慧城市建设的第一步即搭建城市数据库系统，开发包括公共数据和私人数据在内的"数据市场"。数据库系统的建设能够打破数据提供者和使用者之间的障碍，促进数据的分享和开发。二是构建"虚拟新加坡"平台。"虚拟新加坡"平台通过先进的信息建模技术将城市的静态数据和信息融入模型，丰富数据环境，将城市运行过程数据化、可视化，帮助新加坡城公众、企业、政府和研究机构获取历史数据和实时数据，为决策提供依据。三是广布智能传感设备。新加坡城是世界上第一个采用"传感器通信主干网"技术设计的城市。在新加坡城的公交车站、公园和交通连接点等公共空间，都密布了用于数据采集的"AG Boxes"传感设备。

4. 信息技术应用

信息技术被广泛应用于新加坡城的智慧医疗、智慧教育、智慧交通等领域。在智慧医疗建设领域，基于互联网信息技术建设了新型医疗行业综合信息平台，利用传感器、电子记录等多种信息化手段，将医疗信息资源整合在信息平台上，方便公众获取医疗信息，提高就医效率，改变传统就医方式。例如，基于互联网信息技术开发了 Carestream（锐珂）医疗影像信息管理系统，将医院、专科中心、诊所连接起来，能够为患者创建统一的影像档案，方便各级医疗机构获取患者信息，提高协同效率。在智慧教育领域，将人工智能、自动在线系统等新兴技术应用于教学过程，实现对课程评估、教学内容、学习资源、人力资源开发等的信息化处理。新加坡资讯通信管理局联合新加坡教育部推出第三代未来教室项目，打造一个融合动力学、4D 沉浸技术、语义搜索以及学习分析等 20 多种新技术在内的智能教室空间。新加坡的中小学从 2020 年起陆续开始试用自动批卷系统，这套系统能自动批改作文等语文作业，让老师能将更多时间用在学生身上。如果试用效果良好，到 2030 年，采用 AI 科技的自动批卷系统和适应式学习系统的应用将扩大至其他科目。在新加坡城，AI 技术应用不限于智能批改作业和自动答疑，还从多个维度与教育结合，比如构建和优化内容模型、建立知识图谱，让用户可以更容易、更准确地发现适合自己的内容。AI 与教育的结合包括分级阅读平台、虚拟化场景、高效课堂管理、为学生量身打造个性化学习方案等。在智慧交通领域，利用传感器等技术解决交通堵塞问题。例如，在公交车站等公共场所部署与光纤相连的传感器，可以监测空气污染情况、交通拥堵情况，并发回交通管理部门，工作人员会根据传感器反馈的信息，采取相应措施，以达到监测环境、疏导交通等目的。

（十）首尔

首尔作为韩国的首都，一直以来被视为数字政府改革与智慧城市建设的一面旗帜。首尔即将开展的"首尔远景2030"，其核心目的在于驱动政府治理与服务走向"以公众为中心"，为城市管理与公共服务的数字化奠定坚实基础。同时，通过政府大力推动人工智能、区块链、物联网等数字技术广泛应用于住房、环境、文旅、健康、交通、基建、税务等公共服务领域，催化城市科技变革，提升城市综合治理能力，培育经济增长新动能，创造更多就业机会，改善广大市民生活，以实现深度社会创新和可持续发展。

1. 信息基础设施

据市场研究公司Omdia的最新报告显示，首尔市政府发起了一项计划，到2023年将在韩国首尔实施全市范围内的物联网部署。首尔市政府此举意在提升市民的生活方式，并为企业和研究机构收集数据，以开发更多的创新用例。这个公共物联网的骨干是在整个城市中部署一个LoRa网络，该网络在公共设施中将安装1 000个基站。Omdia分析师认为，LoRa网络的部署将使企业和开发者能够在首尔引入更多的物联网解决方案，并将其置于智慧城市技术创新的前沿。2021年在首尔初步建成421公里的LoRa网络，并计划到2023年在公共设施中安装部署1 000个LoRa专用基站。截至2021年7月，总计195个基站已经在首尔三个区进行了建设部署，这些地区正在进行物联网网络试点测试，涵盖安全、行政管理和环境三个方面。

2. 信息技术应用

在首尔智慧城市建设过程中，信息技术被广泛应用于智慧交通、智慧安全、智慧环境等多个领域。在智慧交通建设方面，推出了支持残障人士出行和控制交通信号的方案。在智慧安全建设方面，利用红外摄像机和无线传感器网络，提高自动化监测灾难的水平。在智慧环境建设方面，通过智慧环境系统将气象和交通信息推送至公众的移动终端，为公众出行提供参考服务。

3. 数据开放共享

电子政务与数字政府建设是智慧城市的重要组成部分,作为全球电子政务发展的佼佼者,韩国在 2014 年、2016 年和 2018 年的《联合国电子政务发展水平调查报告》中一直稳居前三。从发展历程来看,首尔智慧城市发展可以分为六个阶段:第一阶段(1990—1999),初步建立以信息技术作为基础设施的计算机化阶段;第二阶段(1999—2007),在此阶段主要建立了发展路线图,并推动了城市服务与信息的实时在线连接;第三阶段(2007—2011)以"U-Seoul"计划为标志,主要是为应对移动互联网冲击,强调公共参与和共享的 Web2.0 的网络化阶段;第四阶段(2011—2015)是智慧政府阶段,首尔市通过推进"智能首尔 2015 年计划",旨在整合在线和无线基础设施和为市民提供定制的服务,并利用大数据和数据开放推动公共数据的应用,以推动公众参与和开放政府为目标;第五阶段(2016—2020),首尔市希望通过"全球数字首尔 2020 计划",确保自身在高度互联的数字时代的全球领先地位,并改善和提升市民福祉。目前,首尔正在经历第六阶段(2020 至今),首尔市政府提出"首尔愿景 2030",宣布建立一个元宇宙平台,旨在运用先进的技术手段,实现跨部门、跨行业的技术、应用、体验全面融合,通过在线虚拟世界为广大市民提供新型智慧公共服务,提升政府公共服务能级,增强市民在生活、出行、办事等各方面的便利感和幸福感。

(十一)天津

1. 统一治理体系

天津的智慧城市建设搭建了"1+5+3"总体架构。"1"是指"建设高水平数字天津"这一条主线。"5"是指"数通全域,夯实智能互联新基建""数惠京畿,塑造生活服务新模式""数治津城,构建社会治理新格局""数燃经济,激活城市发展新动能""数铸发展,打造创新示范策源地"五大任务体系。"3"是指"建设运营体系、标准规范体系、安全保障体系"三大支撑体系。通过这一总体架构设计,将天津打造为全国智慧低碳的新型智慧城市标杆,以数字化、智能化全面赋能城市发展,推进天津市治理体系和治理能力现代化。

2. 信息基础设施

在天津智慧城市建设过程中,非常注重信息基础设施的建设和发展。移动宽带、固定宽带、光纤到户/办公室等均得到了长足发展。天津中心城区、滨海新区主城区等区域实现 5G 网络全覆盖;城域网和接入网完成 IPv6 升级改造;打造"政务一网通"平台；建成电子政务万兆骨干光网，截至 2021 年底，全网共铺设光缆路由 60 000 芯公里，接入 9 600 家单位，实现各级政务部门互联互通；完成市级政务云建设。

3. 信息技术应用

在天津，信息技术被广泛应用于智慧教育、智慧医疗、智慧养老、智慧社保、智慧环保等各个领域，"云上课、云看病、云办公、云社保、云纳税、云签约"等成为日常。例如，在智慧教育建设领域，启动高校智慧校园建设，构建了"云、网、端"一体化的智慧校园服务体系。在智慧医疗建设领域，通过智慧门诊、"健康天津"应用程序（App）等方式为市民提供预约挂号、自助机服务、在线支付等便民惠民服务。特殊时期，天津微医互联网医院迅速推出"实时救助平台"，向全国推广"天津模式"。在智慧养老建设领域，打通养老服务"最后一公里"，养老服务业务管理平台和老年人助餐服务信息平台建设不断深化。在智慧社保建设领域，开通了"天津人力社保"App、"津社保"微信公众号等服务平台，签发电子社保卡，为市民提供更加方便快捷的社保服务。在智慧环保建设领域，构建污染防治信息化体系，实现水、土、声、核辐射、应急监测等领域的信息化全覆盖。

4. 数据开放共享

通过整合企业注册、组织机构代码、税务登记等系统，实现数据实时共享交换和业务协同，做到了"一口受理、分类审批、一口出件"。信息资源共享开放持续深化，建成天津市信息资源统一共享交换平台，上连国家数据共享交换平台，下连 16 个区，接入 67 个市级政务部门和 5 个公共服务机构，梳理发布信息资源目录 40 593 类，累计交换数据量超过 1 550 亿条次。建成天津市信息资源统一开放平台，51 个部门面向社会提供数据开放服务，开放数据总量超过 7 292 万条，市民、企业和数据开发者可以通过网站、移动端、微信小程序三个开放渠道进行访问。

（十二）上海

1. 统一治理体系

上海智慧城市建设具有统一的治理体系，打造了政务服务"一网通办"、城市运行"一网统管"。截至 2020 年底，"一网通办"接入事项达到 2 341 个，其中超过 80% 具备全程网办能力，累计办件量超过 6 000 万件。"一网统管"初步建成城市运行管理和应急联动处置系统，接入多个领域专题应用。不断优化全市大网络大系统大平台建设机制，统筹各区、各领域信息化规划编制。实现全市公共信息系统"整体规划、滚动实施、效果导向、动态调整"建设管理路径,建立完善考评督查制度。对标全球一流城市,加强智慧城市建设动态评估和结果应用。

2. 信息基础设施

在上海智慧城市建设过程中,持续完善信息基础设施建设,率先建成"双千兆宽带第一城",累计建设 5G 室外基站 3.14 万个、室内小站超 4.98 万个,实现 5G 城市全覆盖。部署全市内容存储交换枢纽,枢纽服务能力持续提升,互联网国际和省际出口宽带分别达 3.5T 和 16T;电信运营企业的 IDC 机架数达 8.2 万个;累计建设集约化信息通信管道总量超过 10 967 沟公里,中心城区平均覆盖率达到90%。打造了"物联、数联、智联"三位一体的新型城域物联专网,部署城市神经元节点及感知平台,构筑"城市神经元系统",助力"城市大脑"功能拓展、服务延伸,泛在化、融合化、智敏化已经成为上海智慧城市的优势特征。

3. 信息技术应用

信息技术广泛应用于上海智慧医疗、智慧养老、智慧教育、智慧文化、智慧旅游、智慧公安、智慧生态、智慧社区等各个领域的建设。在智慧医疗建设方面,上海市 37 家市级医院之间率先实现包括 35 项医学检验项目、9 项医学影像检查项目等医学信息互联互通互认,并逐步向区级公立医疗机构扩展,有效提升医疗资源使用效率。在智慧养老建设方面,构建了面向老年人、政府部门和服务机构的全市一体化管理服务平台,集成了 8 大类 3 000 家养老服务机构和 200 多个养老顾问点的综合服务信息。在智慧教育建设方面,通过信息技术汇聚优质教育资源,支持智能交互学习,提高教育供给满意度。在智慧文化建设方面,支持数字演艺等文娱活动,扩展文化服务丰富性。在智慧旅游建设方面,打造"一部手机游上海"示范项目,拓展城市体验感和感知度。在智慧公安建设方面,实施科技强警,再造现代警务流程,切实提高数据利用能力,推动新一代信息技术在监测预警、城市安防、打击犯罪等领域的深度应用。在智慧生态建设方面,利用新一代信息技术加强对生态环境数据的实时获取、分析和研判,提升生态资源数字化管控能力。在智慧社区建设方面,建设"社区云",创新社区治理 O2O 模式,建设数字化社区便民服务中心,推进社区治理共建共治共享。

4. 经济要素投入

在经济要素投入方面,构建"政府引导、企业主导、社会资本广泛参与"的投融资制度。按照统筹集约原则,整体规划、分期投入,优化政府采购相应条款,建立政府信息化项目全生命周期管理制度。依托移动互联网和新一代信息技术,激发数字经济活力,利用大数据为产业赋能,不断催生商业新模式、新业态。

5. 数据开放共享

首先,依托大数据中心平台,实现对各领域公共数据的汇聚和有序开放,建立跨部门、跨领域数据共享流通机制。

其次,建立大数据联合创新实验室,打造公共数据开放应用示范。

二、探索性案例分析

总结以上各国智慧城市建设的典型案例可以发现,智慧城市建设离不开统一的治理体系、信息基础设施建设、信息技术支持、经济要素投入、数据开放共享等的支持。

(一)统一的治理体系

城市治理是城市的政府、居民以及各种社会组织等利益相关方通过开放参与、平等协商、分工协作的方式达成城市公共事务决策,实现城市公共利益最大化的过程。城市治理体系是指城市治理运行中必然涉及的治理主体、治理客体、治理方法(包括治理体制、机制、技术等)等因素构成的有机整体(夏志强、谭毅,2017)。

根据前述对各国智慧城市建设案例的总结,可以发现各国在开展智慧城市建设时,都构建了统一的治理体系,体现在各种平台的构建和电子政务的开展。在平台构建方面,纽约建立了网上医疗信息交换系统,促进系统之间医疗信息交换和信息共享;香港则建成一个综合型的 GIS 系统,用以满足特区政府和公众服务要求;新加坡城构建了配备丰富数据环境和可视化技术的协作平台("虚拟新加坡"平台)和全岛统一的城市公共安全信息平台,以实现网络融合、信息交互和数据共享;首尔市政府提出"首尔愿景 2030",宣布建立一个元宇宙平台,通过在线虚拟世界为广大市民提供新型智慧公共服务,提升政府公共服务能级。在电子政务方面,多伦多通过政务服务网站,向公众提供就业率、犯罪率、教育资源、住房供给、托儿服务、交通状况等众多信息;新加坡城则建立了市民、企业、政府合作的电子政府体系,市民和企业可随时随地参与各项政府机构的决策。城市平台和电子政务作为依托于信息技术的新型管理模式,对于城市治理体系和治理能力现代化具有重要的推动作用。

随着移动互联网的普及,城市治理体系将进一步扩大和完善,城市治理模式将更加灵活高效。因此,研究结论是,移动互联网情境下,统一的城市治理体系对促进新型智慧城市的建设具有重要作用。

(二)信息基础设施建设

从以上案例可以看出,所有智慧城市的建设都将信息基础设施建设放在首位。例如,多伦多通过打造全新的网络设施为企业创造新的机遇;伦敦加快推进升级包括有线网、无线网、宽带网在内的数字网络建设,着力将伦敦打造成欧洲网络最畅通的城市;北京加快 5G 基站和固网宽带建设,通过高水平的信息基础设施为云计算、大数据、物联网、算力网络等技术和应用的发展提供强大驱动力;香港通过无线网络设施铺设和免费 App 程序的开发与应用,切实满足人们随时随地上网的需求,不断提升香港智慧城市发展的内在活力;新加坡城通过搭建城市数据库系统、构建"虚拟新加坡"平台、广布智能传感设备等途径积极布局智慧政府基础设施;首尔致力于实施全市范围内的物联网部署,以提升市民生活品质,并为企业和研究机构收集数据,以开发更多的创新用例;天津推进 5G 网络全覆盖和城域网的 IPv6 升级改造,为政务部门互联互通提供保障;上海推进 5G 基站、内容存储交换枢纽、新型城域物联专网等的建设,突出上海智慧城市泛在化、融合化和智敏化优势。

一切信息基础设施的建设,包括铺设网络、布置传感器、搭建系统平台、实现数据全采集等,对于智慧城市建设都是必不可少的。移动互联网和智能移动终端的发展,都使信息共享变得更加方便快捷,而且智能移动终端(尤其是智能手机)的普及,实际上摊薄了智慧城市建设中市政投入的费用(因为智能移动终端费用由用户个人承担)。由此可见,移动互联网情境下信息基础设施的建设对于新型智慧城市的发展具有举足轻重的作用。

(三)新一代信息技术支持

通过对以上智慧城市建设案例的总结发现,各国智慧城市的建设离不开新一代信息技术的支持。多伦多以信息通信技术为首的新技术应用,渗透了多伦多市几乎所有经济领域;纽约各大校园广泛推进智能图书馆和智能校务管理计划,利用无线射频识别、传感器等技术,创建智慧读者服务大厅和教学管理信息系统,实现自动图书管理和教务信息智能管理等;传感器技术在伦敦的智能交通建设中得到广泛应用,信息化技术也在垃圾处理方面得到广泛应用;东京将真实世界的资讯或内容进行数字化处理后与虚拟现实空间结合,利用传感器等先进元件及 IPv6 互联网协议平台,推广智能移动解决方案,各大高校也提供基于 BS 模式的远程教育系统,提高远程教育画面的清晰度，实现教学资源的信息共享；香港运用信息技术打造了"医健通"，并建成综合型的 GIS 系统，将无线射频技术应用于机场行李确认；新加坡城运用 20 多种新技术打造智能教室空间，新加坡的中小学从 2020 年起陆续开始了试用自动批卷系统，目的在于增强教育管理的有效性；首尔不仅利用红外摄像机和无线传感器网络提高灾难监测自动化水平，而且拥有智慧环境系统，能够自动将气象和交通信息发送到市民的移动终端，为市民是否适宜户外运动提供信息服务；天津利用信息技术打造"云、网、端"一体化的智慧校园服务体系，开通"健康天津""天津人力社保"等应用程序，推出"实时救助平台"等，实现信息化全覆盖；上海推进医学信息互联互通互认、养老信息一体化管理服务平台、社区云平台等，实现城市发展各子系统的智慧化。

移动互联网的发展以及移动终端的广泛使用，为智能化技术提供了更广阔的作用空间，对提升城市的精准治理水平和公共服务能力提升都将起到更大的促进作用。因此，在移动互联网情境下，新一代信息技术支持会加速新型智慧城市的建设与发展。

(四) 经济要素投入

数字经济的发展从根本上改变了经济环境和经济活动，改进了传统的生产模式。在智慧城市建设中广泛运用数字经济，不仅可以提高城市建设的质量，还能影响市场经济的发展，数字经济在智慧城市的建设中起到重要作用(肖芳晏,2022)。

通过对以上智慧城市建设案例的梳理，可以看出在智慧城市的建设中少不了经济要素的投入。例如，维也纳市政府相继颁布并全面实施 63 项生态采购标准，要求政府各部门及其下属事业部门严格执行此标准，强化维也纳市政府对智慧城市建设的统筹引领和顶层设计；东京市政府设置"智慧东京"建设专项行政预算和智慧东京促进基金，向地方政府提供专项财政支持，并允许地方政府灵活使用预算。柏林通过 PPP 模式构建了政府与企业合作的平台，由政府在智慧城市建设的某个领域提出顶层设计，并通过财政补贴的方式引导企业进行相关研究和具体建设；新加坡智慧城市建设的第一步便是搭建城市数据库系统，开发包括公共数据和私人数据在内的"数据市场"，促进数据分享和多领域开发；上海构建"政府引导、企业主导、社会资本广泛参与"的投融资制度，优化政府采购相应条款，依托移动互联网和新一代信息技术，激发数字经济活力，利用大数据为产业赋能，不断催生商业新模式、新业态。

由此可见，经济要素投入为新型智慧城市的建设提供重要的商业模式和资金支持,通过对新型智慧城市建设所需各项资源的整合与采购,为新型智慧城市建设提供资源和资金保障,是促进新型智慧城市发展的重要保障。

（五）数据开放共享

由以上案例分析可以发现,绝大部分智慧城市在建设过程中,都非常注重城市政府数据的开放与共享,以整合和共享政府各部门间的数据资源,提高公众参与度和获得感。例如,纽约颁布了《开放数据法案》,将各部门所有已对公众开放的数据纳入统一的网络入口,通过便于使用、机器可读的形式在互联网上开放;伦敦创立了开放数据网站,公众使用移动终端便可以轻松免费获得农业、运输、犯罪、社会保障、教育、医疗、人口等多个方面的统计数据;香港则通过一站通网站整合特区政府不同部门职能,实现政府各部门之间的信息共享,并方便市民轻松获取公共资讯和服务;首尔一直致力于利用大数据和数据开放推动公共数据的应用,以推动公众参与与开放政府为目标;天津构建信息资源统一共享交换平台,方便市民、企业和数据开发者通过网站、移动端、微信小程序三个开放渠道进行访问;上海依托大数据中心平台,建立跨部门、跨领域数据共享流通机制,并建立大数据联合创新实验室,打造公共数据开放应用示范。移动互联网的发展,使政府开放数据共享更加深入,也让公众使用政府统计数据和参与政府决策变得更加方便快捷。

由此判断,政府开放数据共享对于新型智慧城市建设具有重要的影响作用。

通过探索性案例总结智慧城市建设影响因素,汇总见表4.1。

表 4.1　智慧城市建设典型案例总结

影响因素	智慧城市采取的举措	取得成效
治理体系	维也纳:3 个基本原则, 7 个首要目标,12 个主题领域的战略框架;统一采购标准 东京:"智慧东京"实施战略 北京:智慧城市四级规划管控体系 香港:综合型的 GIS 系统;Wi-Fi 通 新加坡城:"虚拟新加坡"平台和全岛统一的城市公共安全信息平台;电子政务体系;智慧交通管理体系 首尔:元宇宙平台 多伦多:政务服务网站 天津:"1+5+3"总体架构 上海:"一网通办""一网统管"	提升城市政府公共服务能级,依托信息技术的新型政府治理模式

续上表

影响因素	智慧城市采取的举措	取得成效
基础设施	多伦多:打造全新的网络设施 伦敦:加快数字网络建设 北京:加快 5G 基站和固网宽带建设 香港:无线网络设施铺设和免费 App 程序开发应用 新加坡城:搭建城市数据库系统,广布智能传感设备 首尔:全市范围的物联网部署 天津:移动宽带、固定宽带、光纤到户/办公室,5G 网络全覆盖;IPv6 升级改造 上海:"双千兆宽带第一城";全市内容存储交换枢纽;新型城域物联专网	为企业创造新的机遇,提升城市活力,提升市民生活品质
技术支持	多伦多:信息技术应用于几乎所有经济领域 纽约:信息技术应用于智慧医疗、智慧教育、智慧交通、基础设施更新、智慧城市管理等诸多领域 伦敦:信息技术应用于智慧交通、智慧建筑、智慧城市管理等领域 东京:利用传感器等先进元件及 IPv6 互联网协议平台,推广智能移动解决方案;基于 BS 模式的远程教育系统 北京:无线基站碳排放可视化系统;基站 AI 节能 香港:运用信息技术打造"医健通";将无线射频技术应用于机场行李确认 新加坡城:运用 20 多种新技术打造智能教室空间;自动批卷系统 首尔:利用红外摄像机和无线传感器网络提高灾难监测自动化水平 天津:智慧校园服务体系;移动端应用程序;"实时救助平台";信息化全覆盖 上海:信息技术广泛应用于智慧医疗、养老、教育、文化、旅游、公安、生态、社区等各个领域的建设	实现自动图书管理和教务信息智能管理等,实现教学资源的信息共享,增强教育管理的有效性,为市民提供便捷信息服务,节能降耗
经济要素	维也纳:颁布并实施 63 项生态采购标准 东京:智慧东京建设专项行政预算和促进基金 柏林:PPP 模式 新加坡城:开发数据市场 上海:"政府引导、企业主导、社会资本广泛参与"的投融资制度	强化政府的统筹引领和顶层设计,拓宽融资渠道,促进数据分享和多领域开发
数据应用	纽约:颁布《开放数据法案》 伦敦:创立开放数据网站 香港:政务一站通 首尔:通过数据开放推动公共数据的应用 天津:信息资源统一共享交换平台;网站、移动端、微信小程序等开放访问渠道 上海:大数据中心平台、大数据联合创新实验室	方便公众获取信息和数据,实现政府各部门之间的信息共享

(资料来源:根据探索性案例分析整理。)

◉ 第二节　新型智慧城市建设与治理的利益相关者及其角色定位

一、新型智慧城市建设与治理的利益相关者

新型智慧城市建设与治理的利益相关者,是指任何对新型智慧城市建设有兴趣、有影响、被影响或能从新型智慧城市建设成果中获益的实体、组织或个人,可以分为政府、企业、研究机构和社会公众。

利益相关者积极参与新型智慧城市决策,能够提高新型智慧城市建设成果的可信性、透明性、完整性、合法性、有效性、公平性和响应性,是城市治理水平提升的一种具体表现。同时,各主体间的协同合作程度是新型智慧城市发展水平的体现。新型智慧城市建设需要思维方式、行为模式和社会组织体系的配合构建;需要构建以开放、共享、创新为特征的多元主体协同治理体系,通过模式创新实现智能化治理,以促进城市高效运行;需要构建强调公众参与的新型智慧城市共治机制,充分发挥公众在城市数据收集、共享与反馈中的作用,为提升城市运营水平提供支持;需要从政府主导的城市管理转向"政府—社会法人—公众"协同治理。

首先,政府通过颁布相关政策和法律法规,为新型智慧城市建设提供方向、环境和约束。在新型智慧城市建设过程中,政府主要扮演推动者和协调者的角色,政府进行总体规划并确定新型智慧城市发展的重点区域和重点项目,具体操作交付企业,充分利用企业拥有的先进技术和管理经验。其次,企业是技术创新和城市建设的主力,企业的广泛参与能够为新型智慧城市建设提供源源不断的创新动力,利用市场的力量形成合力,推动政府管理的改善和生活的智慧化改造。再次,研究机构、高校等科研院所肩负着人才培养的重任,通过培养懂技术、懂理论的优秀人才,为新型智慧城市的建设提供人才后备力量支持。最后,社会公众的反馈能够监督政府和企业行为,为新型智慧城市建设方向的调整提供重要线索。随着社会不断发展进步,公众的主体意识不断加强。而互联网和新一代信息技术的发展不断拓宽公众参与城市治理的途径,基于信息平台的城市共治机制正在形成。新型智慧城市的建设

与治理,要充分考虑各利益相关者在城市抵御风险中所扮演的角色和价值。

二、各利益相关者角色定位

(一)政府部门及其角色定位

政府是社会管理、市场监管、公共服务的主要提供者。在新型智慧城市建设与治理方面,政府首先是倡导者,在把握发展方向、制定相关政策、基础设施投资等方面,发挥主导作用。政府部门是新型智慧城市建设的主体,在新型智慧城市建设和发展中起到核心推动作用。当前,人们对美好生活的向往日益增强,对公共服务的需求日益增多,对政务公开、法治政府、服务型政府、阳光政府的诉求日益凸显,这都迫使政府部门借助互联网,尤其是移动互联网,以不断提高经济和能源的利用效率、提升环境保护和可持续性发展、提高政府决策的透明性、加强公共服务的均等性等。因此,在新型智慧城市的建设过程中,政府部门要将城市发展的长远规划与眼前利益结合起来,从城市可持续发展与城市整体发展的角度,制定城市发展规划,并注重城市之间的合作共赢,在互帮互助中实现共同发展。

然而,虽然当前诸多城市都制定了各自的新型智慧城市发展规划,但重心都在为自己城市争取最大利益,还未很好地与周边城市形成合作关系,在信息共享与合作共建方面仍存在欠缺。除此之外,财政预算有限是制约各城市开展新型智慧城市建设的主要障碍之一。政府部门作为新型智慧城市建设政策的制定者和推动者,如何凝聚社会资本和力量,以实现新型智慧城市的可持续发展和高质量发展,是亟须思考和解决的问题。

(二)市场部门及其角色定位

市场部门是新型智慧城市建设的主力军,是网络空间的参与者、建设者和获利者,直接参与新型智慧城市的建设与运营。市场部门主要有投资企业、运营商企业、城市公共事业服务单位等。

1. 投资企业

根据前瞻产业研究院的统计数据显示,目前中国新型智慧城市建设行业的融资轮次仍处于初级阶段,物联网相关企业被投资概率最大,主营产品主要集中于智慧城市基础设施数据技术、智能交通管理系统、智慧城市大数据平台、数据城市物联科技平台、城市数字化解决方案、智慧城市可视化管理平台等。投资企业要紧跟新型智慧城市发展趋势,投资智慧化产品研发和创新,帮助运营企业通过数字赋能实现从"制造"向"智造"的转变,助力新型智慧城市建设。

2. 运营企业

运营企业是新型智慧城市建设的主体,是智慧应用和服务的提供商。其中,软件运营商、电信运营商、智能设备提供商、方案集成商等信息和通信技术相关企业,为新型智慧城市的建设提供底层的基础设施支持和技术支持,同时为全球智慧城市建设提供综合性解决方案,是新型智慧城市建设的重要推动者。运营企业要结合自身特点,充分利用移动互联网,实现智慧产品创新,通过数字赋能,增强企业竞争力,从而提高其在新型智慧城市建设中的贡献度。

但由于经济发展导致的市场细分越来越细小,不同运营企业在参与新型智慧城市建设时,更多考虑自身利益,而未能从全局角度出发开展合作,导致技术模式和接口程序不同,不同系统间的协同性差,二次开发成本高甚至难以实现。通过 PPP 模式开展的新型智慧城市建设项目,也流于表面,不仅增加建设成本,也使新型智慧城市的建设效果难以达到预期,体验感并没有预想中的好。同时,企业在开发新产品时,会存在为了"智慧"而"智慧"的情况,投入大量的人财物资源开展产品或服务创新,但这些所谓的"创新"和"智慧",在实际运用过程中,不仅没有提高生产效率和改善用户体验,反倒带来成本的增加或造成程序的烦琐与不必要,得不到市场认可。因此,运用企业作为新型智慧城市建设的主体,在提供智慧化产品或服务时,要从市场实际需求出发,脱离市场实际的"智慧"只能是空中楼阁。

3. 城市公共事业服务单位

城市公共事业服务单位是指与居民日常生活密切相关的煤电水气、交通、医疗、教育等企业,是新型智慧城市具体建设项目的实施者,致力于智慧生活、智慧交通、智慧医疗、智慧教育等的建设。城市公共事业服务单位通过智慧化管理和服务,不仅能够降低管理成本,而且能够为城市居民提供更加人性化和精准化的服务。

但目前各地的城市公共事业服务单位大多处于各自为政的状态,城市间的协同联动较少,造成数据共享的困难,也造成资源的重复配置,带来建设成本的增加。

(三)社会组织及其角色定位

新型智慧城市建设过程中涉及的社会组织主要有社区、服务机构、行业协会等,具体阐述如下。

1. 社区

社区是城市的细胞，是新型智慧城市建设的基层单位，在公共服务提供、社区人口管理、收集居民反馈意见等方面都具有先天的优势，也能够发挥较为直接的影响作用。社区工作在引导居民参与新型智慧城市建设、提高新型智慧城市建设成效、防范城市治理风险等方面，都应发挥重要作用。

2. 服务机构

学术研究机构、标准制定机构、中介机构等都属于新型智慧城市建设的服务机构，在提供行业咨询、解决方案、搭建平台等方面发挥重要作用。

其一，研究院、大学等学术研究机构是理论的先导者和创新理念及技术的提出者，能够为新型智慧城市建设提供理论创新、技术创新、咨询和解决方案等；同时，学术研究机构是新型智慧城市建设人才的培养基地，也能为新型智慧城市建设者提供培训和继续教育。因此，学术研究机构是新型智慧城市建设知识与人才的重要输出地，对新型智慧城市的建设提供基础的支撑作用。但当前，不同研究机构之间的合作创新仍不足，导致难以获得突破性创新。

其二，标准制定机构肩负着为新型智慧城市建设提供标准，统一各利益相关者行为的责任。例如，技术接口、数据统计口径、评价指标体系、评价标准等，尚未统一，是标准制定机构亟须完善的问题。但由于专业知识不足、经验不足等原因，目前标准制定机构尚不能完全独立开展工作，对信息和通信技术相关企业等依赖程度较高。

其三，中介机构在为新型智慧城市不同利益相关者之间搭建沟通、合作平台方面具有重要作用。

3. 行业协会

行业协会在约束某一类行业企业的行为、加速新技术研发、为行业内企业寻求新业务领域、为行业内企业提供帮助等方面应发挥重要作用。但行业协会由于不具有法律权利和强制性，对行业内企业的约束力和领导力未能充分发挥，在代表企业行使权利上也受到诸多限制。

(四)城市居民及其角色定位

城市居民是新型智慧城市建设的最终受益者和体验者，其满意度是对新型智慧城市建设成败最好的评价。新型智慧城市建设的初衷是提高公众的幸福感和满意度,只有获得了社会公众的满意和认可,使公众普遍受益,新型智慧城市的建设才能算得上成功。

首先,城市居民是新型智慧城市建设成果的最终使用者。城市居民的广泛参与,是城市实现智慧化转型和发展的关键。其次,城市居民是新型智慧城市建设的数据来源与传感器。居民通过互联网,尤其是移动互联网,参与智慧医疗、智慧交通、智慧教育等智慧化活动,过程中产生大量数据。城市建设者通过对这些大数据的分析,了解城市居民的切身诉求,进而为城市居民提供更加人性化、适应其需求的产品和服务,并最终提高居民的满意度和幸福感,反过来促进其参与到智慧城市的建设中来,形成正向循环,最终形成智慧城市新生态。

然而,目前新型智慧城市的建设模式大多是从供给端出发的,是技术驱动的,对来自城市居民的需求开发并不充分,导致很多新型智慧城市建设项目脱离公众需求,不被公众接受,最终沦为形象工程。政府和企业投入了大量成本,却没有获得理想的效果。因此,在新型智慧城市的建设与发展过程中,应充分发挥城市居民的主观能动性,合理引导城市居民的预期,提高其参与度,进而提升城市治理效率和效果。

第三节 新型智慧城市建设的影响因素识别

根据前述对一些新型智慧城市建设现状的分析、案例描述,以及利益相关者及其角色定位的识别,发现智慧城市建设离不开统一的治理体系、信息基础设施的建设、新一代信息技术支持、经济要素投入、数据开放共享等的支持。现有研究也表明,新型智慧城市的建设要从自然资源、交通顺畅、经济发展、生活质量、信息共享、社会参与等多方面开展,环境、经济、移动性、人民、生活、管理是新型智慧城市必不可少的要素组成(Yang Chen,2022)。新型智慧城市的构建需要借助新兴信息技术,构建相对健全的发展体系,其中囊括市民、政府、商业组织(林游龙,2022)。因此,信息技术安全非常重要,稳定高效的信息完全系统是确保新型智慧城市构建有序推进的重要力量(王芮,2022)。政府需要为信息安全系统的构建提供支持,为新型智城市的建设提供资源支持（任俊武，2022），发挥政府的引领作用（董正浩，2022）。对新型智慧城市的评价可以从智慧人文、产业、服务、民生、经济、基础设施、治理、规划建设等方面展开（陈志刚，2022；刘伟丽，2022）。因此，研究时选取治理体系、基础设施、技术支持、经济要素、数据应用五个方面对新型智慧城市建设的影响进行分析。

一、治理体系维度的指标选取

治理体系是保障治国理政顺利开展的各种制度的总和，由治理主体、客体、方法等要素构成（夏志强、谭毅，2017），其中相关利益主体是关键因素（王佃利，2008）。新型智慧城市治理体系可以从顶层设计与多元主体参与两个维度划分。

首先，新型智慧城市治理需要统一的顶层设计。顶层设计维度的治理强调政策法规的制定与执行，电子政务能够将政策法规等快速传递给相关部门、企业和社会公众，促进政策落实。统一的顶层设计和政府引导是实现资金、技术与人才等要素有效流动与资源配置优化的催化剂（唐斯斯等，2020；辜胜阻、王敏，2012）。电子政务作为依托于信息技术的新型管理模式，对社会治理体系和治理能力现代化具有重要的推动作用。其一，电子政务为公众参与社会治理提供了更多途径。公众可以通过微信、微博等网络平台更快捷高效地参与治理，社会治理的多元参与特征不断加强。其二，电子政务使社会治理更加客观有效。电子政务拓宽了政府获取信息的渠道，有助于政府业务和信息数据库的完善，也有助于政府借助对大数据信息的挖掘与分析开展决策，提高政府治理的效率和质量，推动社会治理精细化和现代化。其三，电子政务平台使社会治理流程更加科学透明。电子政务将传统的人格化管理转变为系统程序化管理，让政府工作受到同事、公众和媒体多角度的监督，杜绝可能的"暗箱"操作和其他腐败行为，有助于加快服务型政府建设。

其次，新型智慧城市建设需要政府、企业、科研院所、社会公众等多元主体共同参与（Daniel等，2021）。多元协作治理不仅能够对政府形成有效的监督，而且对新型智慧城市建设与运营的市场化发展都具有重要作用（韦颜秋、李瑛，2019；贺仁龙，2018）。新型智慧城市建设强调以人为本，注重公众参与城市建设和发展（夏晓忠，2020），鼓励社会公众对城市发展决策的多元化参与，强调共建共治和精细化治理（李昊、王鹏，2017）。

因此，我们在总结现有新型智慧城市建设与评价研究中涉及的指标基础上，根据前述探索性案例分析和利益相关者及其角色定位的识别,结合指标数据可得性,经专家评议,在治理体系维度选取城市平台数量、联合办公企业注册量、电子政务发展指数三个指标。

二、基础设施维度的指标选取

新型智慧城市的建设与城市基础设施之间具有非常紧密的联系,智慧交通、智慧医疗、智慧安防等城市基础设施的建设对促进智慧城市建设具有重要作用。城市发展进程加快导致城市运输压力增大,出现交通拥堵现象,对智慧城市的发展造成阻碍,智慧交通的实现能够加强城市子系统间的联系,提高城市运行效率。医疗卫生事业的发展需要借助物联网等技术手段,实现医疗设备、医疗机构、医疗人员与城市居民的紧密联动,为居民提供更加方便舒适的环境,智慧医疗的发展对推动智慧城市的构建与发展具有重要作用。城市安全问题对于城市的发展具有非常重要的影响,智慧安防能够实现安防问题的分级控制和风险分散,提高城市的安全系数,是智慧城市发展的重要保障。因此,所有的"智慧+"项目都离不开基础设施尤其是新型基础设施的建设(Guo & Zhong,2022)。

研究项目基于移动互联网情境,重点研究移动互联网等基础设施对新型智慧城市建设的影响,因此,结合已有研究和前述探索性案例分析,结合指标数据可得性,经专家评议,在基础设施维度选取移动电话基站数、移动互联网接入流量、移动互联网用户数、移动电话年末用户数、移动电话交换机容量、移动电话普及率六个指标。

三、技术支持维度的指标选取

新型智慧城市的建设与发展离不开物联网、云计算、大数据等技术支持。在新型智慧城市的建设过程中,需要将城市划分为若干子系统,并将各子系统进行充分整合,最大化发挥协同作用,实现城市各功能的快速运作。依托互联网技术和传感技术的物联网技术,恰恰能够为城市子系统的感应联动提供技术支持,为新型智慧城市各子系统的协调发展提供支持。云计算技术的高速发展,促进了城市运行效率的提升,将城市运行过程中产生的大数据进行存储、整合、分析、管理,并及时反馈给城市子系统,对新型智慧城市的建设与调整具有重要的推动作用。

新型智慧城市建设需要新一代信息技术的支持,并对技术提出了更高的要求

（Aysan 等，2023），具体体现在对技术可靠性、兼容性、安全性、标准性的要求。首先，新型智慧城市建设所需要的技术必须具备可靠性。技术可靠性表现在耐用的硬件设备、稳定的软件系统、开放的信息平台等（夏志强、谭毅，2017），是新型智慧城市建设和运营的前提。其次，新型智慧城市建设要求技术具备兼容性。新型智慧城市的建设是由具有不同功能的系统构成的，技术之间的兼容性和后续可扩展性是新型智慧城市各子系统安全、稳定、高效、可持续运行的重要保障（李昊、王鹏，2017）。再次，新型智慧城市建设所需要的技术必须具备安全性。如果技术本身就存在诸多漏洞，无疑会给新型智慧城市建设增加更多风险。最后，新型智慧城市建设所需要的技术必须具备标准性。当前，新型智慧城市建设仍面临技术标准缺乏的问题，尤其是物联网、射频识别技术等标准仍缺乏，技术标准的缺失会造成各智慧城市建设间协同的困难，容易造成重复建设、各自为政，导致建设成本增加（巫细波、杨再高，2010）。

我们在总结现有新型智慧城市建设与评价研究中涉及的技术指标基础上，根据前述探索性案例分析，结合指标数据可得性，经专家评议，在技术支持维度选取软件业务收入、信息技术服务收入、技术市场成交额、电子及通信设备制造业高技术产业专利申请数四个客观指标。

四、经济要素维度的指标选取

经济要素旨在为新型智慧城市运营提供充足、稳定的资金支持，以保障其可持续性（Chen，2022）。在内容上，它可以划分为三个主要方面：一是商业模式，其由技术、市场供应与网络架构等关键因素构成（Katy M & Martin S，2011）。尽管智慧城市商业模式可划分为多种类型，但它始终与城市发展所面临的问题及最终用户的具体需求紧密相关（Catherine E. A. M & Magnus O，2013）。新型智慧城市的商业模式注重社会资本的使用，通过市场化运作，形成稳定的现金流收入，以实现资金的持续供给。二是融资方式，即构建企业与政府利益共享、风险共担的合作伙伴关系（文捷，2019）。作为一种融资创新机制，政府和社会资本合作（PPP）模式能有效化解资金短缺问题，优化市场资源配置（张延强等，2018），为解决新型智慧城市融资难的问题提供新路径（唐斯斯等，2020）。三是资金支持，用于保证新型智慧城市运营的可持续性。资金来自政府财政（研发经费、政策补贴与直接投资）、企业资金、社会资本及其他非公共资金（赵勇等，2015）。

我们在总结现有新型智慧城市建设与评价研究中涉及的指标基础上,根据前述探索性案例分析,结合指标数据可得性,经专家评议,选取数字经济规模,电子及通信设备制造业高技术产业 R&D 经费支出,信息传输、软件和信息技术服务业电子商务采购额三个客观指标作为经济要素维度的指标。

五、数据应用维度的指标选取

新型智慧城市建设离不开数据和对数据的分析处理,很多建设决策都需要基于对大数据的分析与判断。过去较长一段时间内,地方和部门的信息化建设各自为政,"信息孤岛"和"数据烟囱"问题严重,给政府效能提升造成严重障碍。新型智慧城市建设要取得突出成就,必须打通数据壁垒,实现各部门、各层级数据(尤其是政府数据)的互联互通和充分共享(Sun & Zhang,2020),在开放与共享过程中,需要注意对数据的安全保护。首先,数据共享机制的构建,能够实现数据的交互与使用,实现"1+1>2"的效果。其次,数据开放不仅能够为政府部门、企业、公众提供更丰富的数据和信息服务,而且是大数据分析的重要信息来源,能够为决策和城市精准治理提供支持。再次,数据开放和共享必然会增加信息泄露风险,需要构建数据安全保护机制,构建数据安全利用的新型智慧城市生态(唐斯斯等,2020)。

因此,我们在总结现有新型智慧城市建设与评价研究中涉及的指标基础上,根据前述探索性案例分析,结合指标数据可得性,经专家评议,在数据应用维度选取数据中心机架规模、开放数据指数两个客观指标。

六、衡量建设水平的指标选取

新型智慧城市建设水平是新型智慧城市建设成效的综合体现,受到治理体系、基础设施、技术支持、经济要素、数据应用等多方面因素的影响。在总结现有新型智慧城市建设评价指标基础上,经专家评议,我们选取国内生产总值,计算机、通信和其他电子设备制造业利润总额,高技术产业主营业务收入占制造业的比重三个客观指标对新型智慧城市建设水平进行衡量。

七、移动互联网情境下新型智慧城市建设影响因素指标体系初始集

根据前述研究,确定影响因素指标体系初始集,见表4.2。

表4.2 移动互联网情境下新型智慧城市建设影响因素指标体系初始集

指标	来源	变量	来源
治理体系	崔庆宏等,2021	城市平台数量(个)	Sun & Zhang,2020 Ranchordás & Goanta,2020
		联合办公企业注册量(个)	庄广新等,2021
		电子政务发展指数	新型智慧城市评价指标2018 臧维明等,2018
基础设施	陈伟清等,2019	移动电话基站数(万个)	Marzena Banach & Rafal Dlugosz,2023 臧维明等,2018 陈伟清等,2019 新型智慧城市评价指标2018
		移动互联网接入流量(万GB)	
		移动互联网用户数(万户)	
		移动电话年末用户数(万户)	
		移动电话交换机容量(万户)	
		移动电话普及率(部/百人)	
技术支持	崔庆宏等,2021	软件业务收入(万元)	Aysan等,2023
		信息技术服务收入(万元)	庄广新等,2021
		技术市场成交额(亿元)	
		电子及通信设备制造业高技术产业专利申请数(件)	陈伟清等,2019
经济要素	崔庆宏等,2021	数字经济规模(亿元)	山东省新型智慧城市建设指标
		电子及通信设备制造业高技术产业R&D经费支出(亿元)	
		信息传输、软件和信息技术服务业电子商务采购额(亿元)	陈伟清等,2019
数据应用	崔庆宏等,2021	数据中心机架规模(万架)	新型智慧城市评价指标2018
		开放数据指数	
建设水平	崔庆宏等,2021	国内生产总值(亿元)	Guo & Zhong,2022
		计算机、通信和其他电子设备制造业利润总额(亿元)	
		高技术产业主营业务收入占制造业的比重(%)	

(资料来源:笔者根据资料整理。)

◉ 第四节 新型智慧城市建设的影响因素指标体系修正

本书通过文献研究、探索性案例研究与专家评议等方法,构建了新型智慧城市建设影响因素指标体系初始集,但如果直接用这个初始集进行实证分析,不足以体现指标体系的信度和效度,指标体系的科学性会受到质疑。因此,本书通过对从事相关研究的专家、政府人员、智慧城市领域从业人员等开展问卷调查,邀请他们对设计的各指标的符合程度进行打分,并听取他们对指标体系的修改建议,对指标体系进行修正,以获得可以用于实证分析的可靠的指标体系修正集。

一、问卷设计与样本收集

问卷调查的主要目的是检验新型智慧城市建设影响因素指标体系的信度和效度,并运用回归分析对收集到的数据进行统计分析。

(一)问卷设计与调查过程

为验证新型智慧城市建设影响因素指标体系初始集的科学性,并对初始指标进行筛选与优化,设计相应的调查问卷,通过问卷调查进行样本收集,对指标体系进行实证检验。本书使用的问卷主要包括三个部分:受访者基本信息(性别、年龄、职业、从事行业、对新型智慧城市的熟悉程度);具体问题调查(治理体系、基础设施、技术支持、经济要素、数据应用与建设水平量表);受访者的补充意见。在对指标进行符合性判断时,采用 Likert 五级量表,即指标的符合程度被划分为"很不符合""不太符合""基本符合""比较符合""非常符合"五个等级,分别对应 1 分、2 分、3 分、4 分、5 分。

在开展大规模调查之前,首先进行了预调查。10 位不同角色的受访者填写了调查问卷,并提供了作答感受。我们在这些反馈的基础上对调查问卷进行修订,使问卷表述更清楚,更便于受访者作答。正式的问卷调查过程开始于 2021 年 10 月,结束于 2021 年 11 月。本次调查均采用电子问卷形式,通过网络发放,共收回问卷 184 份。为保证数据质量,需要剔除无效问卷,剔除标准是:填写具有明显规律的问卷视为无效问卷;数据填写不完整的问卷视为无效问卷。根据这两条标准对问卷进行整理后,获得有效问卷 137 份,有效率 74.46%。

(二)样本数据的描述性统计

为了解被调查者信息,问卷在第一部分对被调查者的基本情况进行调查,包括被调查者的性别、年龄、职业、从事行业、对智慧城市的熟悉程度等信息。

图 4.1 反映了被调查者的性别分布,图 4.2 反映了被调查者的年龄分布,图 4.3 反映了被调查者的职业分布,图 4.4 反映了被调查者的从事行业分布,图 4.5 反映了被调查者对新型智慧城市的熟悉程度分布。

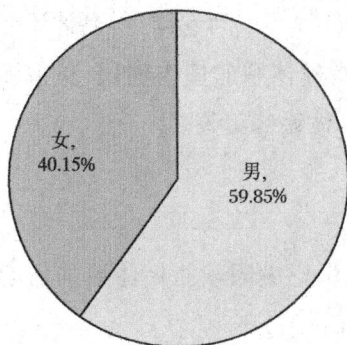

图 4.1　被调查者性别分布

（资料来源：笔者根据问卷调查结果统计分析。）

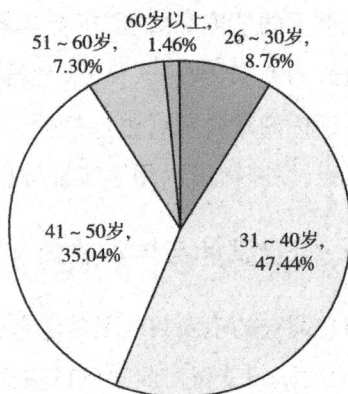

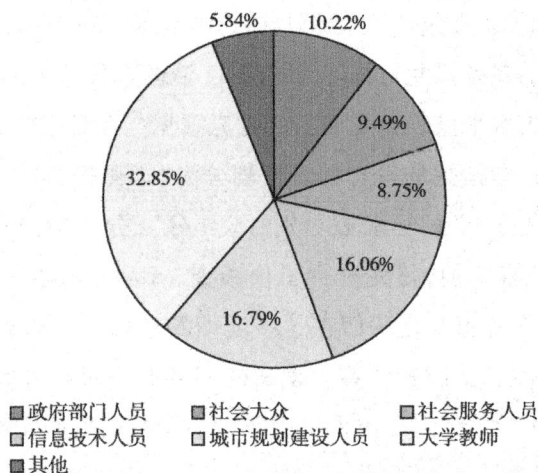

图 4.2　被调查者年龄分布

（资料来源：笔者根据问卷调查结果统计分析。）

■政府部门人员　　■社会大众　　　　■社会服务人员
■信息技术人员　　■城市规划建设人员　□大学教师
■其他

图 4.3　被调查者的职业分布

（资料来源：笔者根据问卷调查结果统计分析。）

由此可见，被调查者中男性数量较多，占比 59.85%，女性占比 40.15%。年龄方面，多集中在 31~40 岁和 41~50 岁，两者比例之和为 82.49%。对新型智慧城市的熟悉程度方面，选择"一般熟悉"和"比较熟悉"的较多，占比总和为 68.62%。被调查者的职业多为城市规划建设人员、信息技术人员和大学教师，占比总和为 65.70%；所从事行业多为 IT/软硬件服务/电子商务/因特网运营、教育/培训/科研/院校、通信/电信运营/网络设备/增值服务、房地产开发/建筑工程/装潢/设计等，占比总和为 75.19%。从被调查者的基本信息来看，符合研究的需要，是研究的有效受访者。

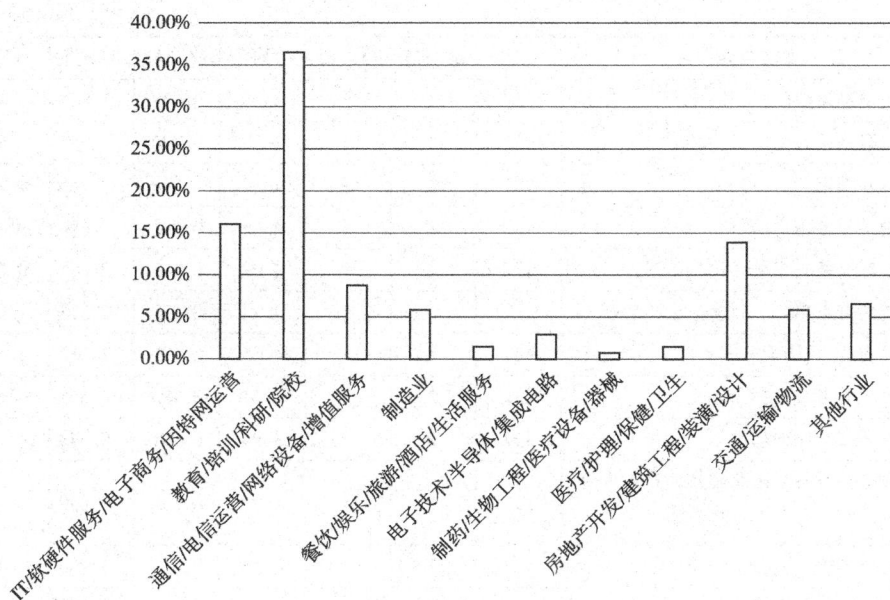

图 4.4　被调查者的从事行业分布

(资料来源:笔者根据问卷调查结果统计分析。)

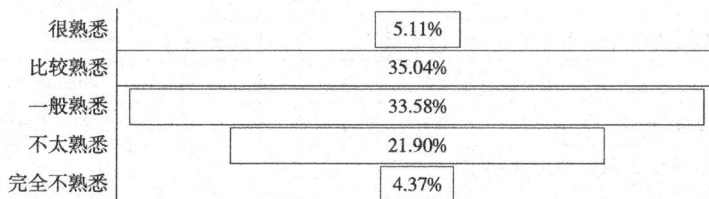

很熟悉	5.11%
比较熟悉	35.04%
一般熟悉	33.58%
不太熟悉	21.90%
完全不熟悉	4.37%

图 4.5　被调查者对新型智慧城市的熟悉程度

(资料来源:笔者根据问卷调查结果统计分析。)

(三)测量条款的描述性统计

下面从测量条款的最小值、最大值、平均值、标准差、偏斜度、峰度六个方面对测量条款进行描述性统计(见表 4.3)。

表 4.3　变量的描述性统计

变量名称	N	最小值	最大值	平均数	标准偏差	偏斜度	峰度
城市平台数量(个)	137	1	5	3.76	1.004	-0.561	-0.165
联合办公企业注册量(个)	137	1	5	3.44	0.992	-0.377	-0.180
电子政务发展指数	137	1	5	4.15	0.928	-1.081	0.961

续上表

变量名称	N	最小值	最大值	平均数	标准偏差	偏斜度	峰度
移动电话基站数(万个)	137	2	5	4.27	0.827	-1.017	0.495
移动互联网接入流量(万GB)	137	2	5	4.36	0.820	-1.155	0.649
移动互联网用户(万户)	137	2	5	4.39	0.788	-1.265	1.203
移动电话年末用户(万户)	137	2	5	4.05	0.902	-0.590	-0.546
移动电话交换机容量(万户)	137	1	5	4.09	0.862	-0.661	0.073
移动电话普及率(部/百人)	137	2	5	4.27	0.920	-1.313	1.508
软件业务收入(万元)	137	1	5	4.15	0.879	-1.016	1.161
信息技术服务收入(万元)	137	2	5	4.21	0.799	-0.665	-0.357
技术市场成交额(亿元)	137	2	5	3.95	0.902	-0.448	-0.649
电子及通信设备制造业高技术产业专利申请数(件)	137	1	5	4.09	0.935	-0.888	0.475
数字经济规模(万亿元)	137	2	5	4.36	0.794	-1.290	1.405
电子及通信设备制造业高技术产业R&D经费支出(亿元)	137	2	5	4.26	0.834	-0.914	0.094
信息传输、软件和信息技术服务业电子商务采购额	137	2	5	4.26	0.823	-0.829	-0.123
数据中心机架规模(万架)	137	1	5	4.20	0.961	-1.364	1.913
开放数据指数	137	1	5	4.15	0.969	-1.002	0.448
国内生产总值(亿元)	137	2	5	4.01	0.870	-0.490	-0.545
计算机、通信和其他电子设备制造业利润总额(亿元)	137	1	5	4.05	0.843	-0.621	0.184
高技术产业主营业务收入占制造业的比重(%)	137	2	5	4.12	0.805	-0.559	-0.340

（资料来源：笔者根据问卷调查结果统计分析整理而得。）

二、评价指标体系的修正标准

为验证研究项目构建的指标体系的科学性与有效性，运用 SPSS 软件，开展探索性因子分析与验证性因子分析，以验证指标体系的信度和效度。

(一)指标的基本标准

为顺利开展探索性因子分析与验证性因子分析，要求样本数据服从正态分布。样本数据服从正态分布的典型特征是峰度的绝对值小于10，同时偏度的绝对值小于3，当这两个条件都满足时,表示样本数据服从正态分布(Kline,1998)。从表4.3可以看出,大样本调查所得的数据满足以上两个条件,数据服从正态分布,满足开展探索性因子分析与验证性因子分析的要求。

同时,指标必须满足两个标准:其一是指标均值(即所有观测值的平均值)大于3,也就是被调查者普遍认为比较重要的指标才能入选最后的指标体系;其二是各个指标的标准差要小于或等于当时确定样本容量的标准差。由表4.3可知,研究项目确定的初始指标均符合要求。

(二)探索性因子分析与信度检验的标准

探索性因子分析的目的在于找出影响观察变量的因子个数和各因子与各观察变量的相关程度。本书借助问卷收集到的数据,对影响新型智慧城市建设效果的六个维度进行探索性因子分析和信度检验。信度是指测量数据和结论的可靠性程度,信度分析用于检验测量量表的一致性或稳定性。一般以 Cronbach's α 系数和总体相关系数(CITC)来衡量一个变量下各测量题项的内部一致性。

Cronbach's α 系数的计算公式为:

$$\alpha = \frac{k}{k-1}\left|1 - \frac{\sum S_i^2}{S^2}\right| \tag{4.1}$$

其中:k——指标体系含有的指标个数;

S_i——单项指标的标准差;

S_i^2——第 i 个指标的方差;

S^2——总分的方差。

从统计理论上讲,信度用相关系数 α 来估算,使系统变异程度通过测量结果表现。当相关系数 α 为1时,测量结果十分可靠;当相关系数 α 为0时,测量结果完全不可靠。Wortzel(1979)认为 α 值介于 0.7 至 0.98 之间,测量题项即具有高信度;若 α 值低于 0.35 则测量题项应予以拒绝。本书以 α 值为 0.7 作为判别信度的标准。当变量的 α 值高于 0.7 时,说明测量条款内部一致性较高,量表具有较高信度,题项应保留;若某题项的 α 值低于 0.7,且删除该项后 α 值增大,说明内部一致性提高,则应删除该项(陈丽兰,2014)。

此外,还需要根据总体相关系数、因子载荷、累计方差解释率等指标,对初始测量题项进行修正。测量题项的筛选标准为:①如果总体相关系数值高于 0.5,测量题项应保留(何郁冰、梁斐,2017);如果总体相关系数介于 0.3 至 0.5 之间,而且剔除该测量题项后测量量表的整体 α 系数能够显著提高,则应该剔除该测量题项(周源,2018);如果总体相关系数值低于 0.3,则通常情况下可以将该测量题项剔除,以提高测量题项的收敛效度(李飞星、胡振华,2018;卢纹岱,2006)。在本书中,选择总体相关系数高于 0.5 作为判别信度的标准。②如果测量题项的因子载荷都大于 0.5,同时累计方差解释率大于 50%,应保留该测量题项;如果测量题项的因子载荷小于 0.5,则应删除该测量题项。

在进行因子分析之前,需要开展 KMO(Kaiser-Meyer-Olkin,检验统计量)和巴特利特球形检验,以确定是否适合开展因子分析,检验和判定步骤如下:首先,巴特利特球形检验。如果数据之间相关系数偏低,因子归类就非常困难,如果球形检验显示"显著",就表示相关系数可以作为因子分析归类因素所用。卡方近似值越大,就越适合做因子分析;其次,KMO 值判定。KMO 值越大,说明数据间的相关性越好。当 KMO 值>0.8 时,表示因子分析的效果特别好;当 KMO 值>0.7 时,表示因子分析的结果良好;当 KMO 值>0.6 时,表示因子分析的效果中等;如果 KMO 值在 0.5 以下,表示因子分析的效果不好(张洁,2010)。在本书中,选择 KMO 值高于 0.6 作为因子分析的判别标准。

(三)验证性因子分析与效度检验的标准

验证性因子分析的目的是在探索性因子分析的基础上,进一步验证模型的拟合度,即指标体系的合理性与科学性。为检验项目构建的新型智慧城市建设影响因素指标体系的科学性,采用问卷调查的形式,邀请从事相关研究的专家、政府部门人员、智慧城市领域从业人员对设计的指标体系进行判断,并提出修改建议,相关的调查问卷见附录二。效度是评价指标反映评价目的的程度,有效的指标是指能够达到测量目的的指标。新型智慧城市建设影响因素指标体系的高效度,是指指标能够完全或较好反映影响的方向和程度。

在研究过程中,我们利用 SPSS 软件对新型智慧城市建设影响因素指标体系开展验证性因子分析,以检查各构面是否具有足够的组合信度和区分效度。研究项目采用组合信度(Composite Reliability,CR)、平均方差萃取率(Average Variance Extrac-ted,AVE)和因子载荷系数(Factor Loading)三个指标,指标标准为:CR 值应达到 0.7以上,AVE 值应达到 0.5 或以上(郑丽霞、戚安邦,2015),因子载荷系数应达到 0.7以上。由于测量题项来自调查访谈或过去文献,其他学者也曾使用这些题项测量相关变量,在最终确认问卷之前,又通过咨询相关领域的专家、预测试并修正问卷的内容与措辞,因此问卷具有较高的内容效度。

三、评价指标体系的探索性因子分析与信度检验

指标体系的探索性因子分析与信度检验基于治理体系、基础设施、技术支持、经济要素、数据应用、建设水平六个维度展开。

(一)治理体系维度量表的探索性因子分析与信度检验

基于治理体系维度量表的探索性因子分析与信度检验过程与结果分析如下:

1. CITC 与信度分析

表 4.4 治理体系维度量表的 CITC 和信度分析

变量名称	总体相关系数(CITC)	项已删除的 α 系数	Cronbach α 值
城市平台数量	0.722	0.832	
联合办公企业注册量	0.590	0.882	0.869
电子政务发展指数	0.755	0.818	

(资料来源:笔者根据问卷调查结果统计分析整理而得。)

从表 4.4 中可以看出,基于治理体系维度量表各个分析项的 CITC 值均较高,均值大于 0.5,说明分析项之间具有良好的相关关系,同时也说明信度水平良好。量表的 Cronbach's α 系数为 0.869,大于 0.8,因而说明研究数据信度质量高。针对"项已删除的 α 系数",任意题项被删除后,信度系数并不会明显上升,因此说明题项不应删除。

2. KMO 值和 Bartlett's 球形检验

表 4.5 治理体系维度量表的 KMO 值和 Bartlett's 球形检验

Kaiser-Meyer-Olkin 取样适当性		0.765
Bartlett 球形检验	卡方值	352.670
	自由度	6
	显著性	0.000

(资料来源:笔者根据问卷调查结果统计分析整理而得。)

从表 4.5 中可以看出,治理体系维度量表的 KMO 值为 0.765,大于 0.6,满足因子分析的前提要求,且通过 Bartlett 球形检验($p<0.05$),说明数据适合进行因子分析。

3. 探索性因子分析

利用主成分分析法对治理体系维度量表的 3 条分析项进行提取因素(见

表4.6)，提取出1个因子，其特征值为4.274，累计方差解释率为23.74%，符合研究要求。

表4.6　治理体系维度量表的探索性因子分析结果

变量名称	因子载荷系数
	因子1
城市平台数量	0.848
联合办公企业注册量	0.744
电子政务发展指数	0.878
特征值	4.274
方差解释率	23.74%
累计方差解释率	23.74%

（资料来源：笔者根据问卷调查结果统计分析整理而得。）

（二）基础设施维度量表的探索性因子分析与信度检验

基于基础设施维度量表的探索性因子分析与信度检验过程与结果分析如下：

1. CITC 与信度分析

表4.7　基础设施维度量表的 CITC 和信度分析

变量名称	总体相关系数（CITC）	项已删除的 α 系数	Cronbach α 值
移动电话基站数	0.779	0.909	
移动互联网接入流量	0.764	0.911	
移动互联网用户	0.793	0.907	
移动电话年末用户	0.738	0.915	0.923
移动电话交换机容量	0.827	0.902	
移动电话普及率	0.775	0.910	

（资料来源：笔者根据问卷调查结果统计分析整理而得。）

从表4.7中可以看出，基础设施维度量表各个分析项的 CITC 值均较高，均大于0.7，说明分析项之间具有良好的相关关系，同时也说明信度水平良好。量表的 Cronbach's α 系数为0.923，说明研究数据信度质量很高。针对"项已删除的 α 系数"，任意题项被删除后，信度系数并不会明显上升，说明题项不应删除。综上所述，研究数据信度系数值高于0.9，综合说明数据信度质量高，可用于进一步分析。

2. KMO 值和 Bartlett's 球形检验

表 4.8　基于基础设施维度量表的 KMO 值和 Bartlett's 球形检验

Kaiser-Meyer-Olkin 取样适当性		0.858
Bartlett's 球形检验	卡方值	700.475
	自由度	15
	显著性	0.000

（资料来源：笔者根据问卷调查结果统计分析整理而得。）

从表 4.8 中可以看出，基础设施维度量表的 KMO 值为 0.858，大于 0.6，满足因子分析的前提要求，且通过 Bartlett 球形检验（$p < 0.05$），说明数据适合进行因子分析。

3. 探索性因子分析

利用主成分分析法对基础设施维度量表的 6 条分析项进行提取因素（见表 4.9），提取出 1 个因子，其特征值为 3.844，方差解释率为 21.358%，符合研究要求。

表 4.9　基础设施维度量表的探索性因子分析结果

变量名称	因子载荷系数
	因子 1
移动电话基站数	0.851
移动互联网接入流量	0.842
移动互联网用户	0.860
移动电话年末用户	0.817
移动电话交换机容量	0.884
移动电话普及率	0.847
特征值	3.844
方差解释率	21.358%
累计方差解释率	45.105%

（资料来源：笔者根据问卷调查结果统计分析整理而得。）

（三）技术支持维度量表的探索性因子分析与信度检验

技术支持维度量表的探索性因子分析与信度检验过程与结果分析如下：

1. CITC 与信度分析

表 4.10　技术支持维度量表的 CITC 和信度分析

变量名称	总体相关系数（CITC）	项已删除的 α 系数	Cronbach α 值
软件业务收入	0.834	0.887	
信息技术服务收入	0.854	0.881	
技术市场成交额	0.795	0.901	0.919
电子及通信设备制造业高技术产业专利申请数	0.774	0.909	

（资料来源：笔者根据问卷调查结果统计分析整理而得。）

从表 4.10 中可以看出，技术支持维度各个分析项的 CITC 值均较高，均大于 0.7，说明分析项之间具有良好的相关关系，同时也说明信度水平良好。量表的 Cronbach's α 系数为 0.919，说明研究数据信度质量很高。针对"项已删除的 α 系数"，任意题项被删除后，信度系数并不会明显上升，说明题项不应删除。综上所述，研究数据信度系数值高于 0.9，综合说明数据信度质量高，可用于进一步分析。

2. KMO 值和 Bartlett's 球形检验

表 4.11　技术支持维度量表的 KMO 值和 Bartlett's 球形检验

Kaiser-Meyer-Olkin 取样适当性		0.803
Bartlett's 球形检验	卡方值	480.777
	自由度	6
	显著性	0.000

（资料来源：笔者根据问卷调查结果统计分析整理而得。）

从表 4.11 中可以看出，技术支持维度的 KMO 值为 0.803，大于 0.6，满足因子分析的前提要求，且通过 Bartlett 球形检验（$p < 0.05$），说明数据适合进行因子分析。

3. 探索性因子分析

利用主成分分析法对技术支持维度量表的 4 条分析项进行提取因素（见表 4.12），提取出 1 个因子，其特征值为 2.179，方差解释率为 12.104%，符合研究要求。

表 4.12　技术支持维度量表的探索性因子分析结果

变量名称	因子载荷系数
	因子 1
软件业务收入	0.913
信息技术服务收入	0.924
技术市场成交额	0.884
电子及通信设备制造业高技术产业专利申请数	0.870
特征值	2.179
方差解释率	12.104%
累计方差解释率	57.209%

（资料来源：笔者根据问卷调查结果统计分析整理而得。）

（四）经济要素维度量表的探索性因子分析与信度检验

经济要素维度量表的探索性因子分析与信度检验过程与结果分析如下：

1. CITC 与信度分析

表 4.13　经济要素维度量表的 CITC 和信度分析

变量名称	总体相关系数（CITC）	项已删除的 α 系数	Cronbach α 值
数字经济规模	0.802	0.873	
电子及通信设备制造业高技术产业 R&D 经费支出	0.831	0.849	0.906
信息传输、软件和信息技术服务业电子商务采购额	0.803	0.872	

（资料来源：笔者根据问卷调查结果统计分析整理而得。）

从表 4.13 中可以看出，经济要素维度分析项的 CITC 值均高于 0.8，说明分析项之间具有良好的相关关系，同时也说明信度水平良好。信度系数值为 0.906，大于 0.9，因而说明研究数据信度质量很高。针对"项已删除的 α 系数"，任意题项被删除后，信度系数并不会明显上升，说明题项不应删除。综上所述，研究数据信度系数值高于 0.9，综合说明数据信度质量高，可用于进一步分析。

2. KMO 值和 Bartlett's 球形检验

表 4.14 经济要素维度量表的 KMO 值和 Bartlett's 球形检验

Kaiser-Meyer-Olkin 取样适当性		0.753
Bartlett's 球形检验	卡方值	295.767
	自由度	3
	显著性	0.000

(资料来源:笔者根据问卷调查结果统计分析整理而得。)

从表 4.14 中可以看出,经济要素维度的 KMO 值为 0.753,大于 0.7,满足因子分析的前提要求,且通过 Bartlett 球形检验($p<0.05$),说明数据适合进行因子分析。

3. 探索性因子分析

利用主成分分析法对经济要素维度量表的 3 条分析项进行提取因素(见表 4.15),提取出 1 个因子,其特征值为 2.055,方差解释率为 11.419%,符合研究要求。

表 4.15 经济要素维度量表的探索性因子分析结果

变量名称	因子载荷系数
	因子 1
数字经济规模	0.912
电子及通信设备制造业高技术产业 R&D 经费支出	0.927
信息传输、软件和信息技术服务业电子商务采购额	0.913
特征值	2.055
方差解释率	11.419%
累计方差解释率	68.627%

(资料来源:笔者根据问卷调查结果统计分析整理而得。)

(五)数据应用维度量表的探索性因子分析与信度检验

数据应用维度量表的探索性因子分析与信度检验过程与结果分析如下:

1. CITC 与信度分析

表 4.16 数据应用维度量表的 CITC 和信度分析

变量名称	总体相关系数(CITC)	项已删除的 α 系数	Cronbach α 值
数据中心机架规模	0.825	—	0.904
开放数据指数	0.825	—	

(资料来源:笔者根据问卷调查结果统计分析整理而得。)

从表4.16中可以看出,数据应用维度分析项的CITC值均高于0.8,说明分析项之间具有良好的相关关系,同时也说明信度水平良好。信度系数值为0.904,大于0.9,因而说明研究数据信度质量很高。综上所述,研究数据信度系数值高于0.9,综合说明数据信度质量高,可用于进一步分析。

2. KMO值和Bartlett's球形检验

表4.17 数据应用维度量表的KMO值和Bartlett's球形检验

Kaiser-Meyer-Olkin 取样适当性		0.650
Bartlett's 球形检验	卡方值	173.106
	自由度	1
	显著性	0.000

(资料来源:笔者根据问卷调查结果统计分析整理而得。)

从表4.17中可以看出,数据应用维度的KMO值为0.650,大于0.6,满足因子分析的前提要求,且通过Bartlett球形检验($p<0.05$),说明数据适合进行因子分析。

3. 探索性因子分析

利用主成分分析法对数据应用维度量表的2条分析项进行提取因素(见表4.18),提取出1个因子,其特征值为1.633,方差解释率为9.072%,符合研究要求。

表4.18 数据应用维度量表的探索性因子分析结果

变量名称	因子载荷系数
	因子1
数据中心机架规模	0.955
开放数据指数	0.955
特征值	1.633
方差解释率	9.072%
累计方差解释率	77.700%

(资料来源:笔者根据问卷调查结果统计分析整理而得。)

(六)建设水平维度量表的探索性因子分析与信度检验

建设水平维度量表的探索性因子分析与信度检验过程与结果分析如下:

1. CITC 与信度分析

表 4.19　建设水平维度量表的 CITC 和信度分析

变量名称	总体相关系数（CITC）	项已删除的 α 系数	Cronbach α 值
国内生产总值	0.706	0.903	
计算机、通信和其他电子设备制造业利润总额	0.821	0.801	0.886
高技术产业主营业务收入占制造业的比重	0.813	0.809	

（资料来源：笔者根据问卷调查结果统计分析整理而得。）

从表 4.19 中可以看出，建设水平维度分析项的 CITC 值均高于 0.7，说明分析项之间具有良好的相关关系，同时也说明信度水平良好。信度系数值为 0.886，大于 0.8，因而说明研究数据信度质量很高。针对"项已删除的 α 系数"，任意题项被删除后，信度系数并不会明显上升，说明题项不应删除。综上所述，研究数据信度系数值高于 0.8，综合说明数据信度质量高，可用于进一步分析。

2. KMO 值和 Bartlett's 球形检验

表 4.20　建设水平维度量表的 KMO 值和 Bartlett's 球形检验

Kaiser-Meyer-Olkin 取样适当性		0.719
Bartlett's 球形检验	卡方值	276.263
	自由度	3
	显著性	0.000

（资料来源：笔者根据问卷调查结果统计分析整理而得。）

从表 4.20 中可以看出，建设水平维度的 KMO 值为 0.719，大于 0.6，满足因子分析的前提要求，且通过 Bartlett 球形检验（$p<0.05$），说明数据适合进行因子分析。

3. 探索性因子分析

利用主成分分析法对建设水平维度量表的 3 条分析项进行提取因素（见表 4.21），提取出 1 个因子，其特征值为 1.298，方差解释率为 7.211%，累计方差解释率为 84.911%，符合研究要求。

表 4.21 建设水平维度量表的探索性因子分析结果

变量名称	因子载荷系数
	因子 1
国内生产总值	0.860
计算机、通信和其他电子设备制造业利润总额	0.927
高技术产业主营业务收入占制造业的比重	0.923
特征值	1.298
方差解释率	7.211%
累计方差解释率	84.911%

(资料来源:笔者根据问卷调查结果统计分析整理而得。)

四、指标体系的验证性因子分析与效度检验

同理,指标体系的验证性因子分析与效度检验也基于治理体系、基础设施、技术支持、经济要素、数据应用、建设水平六个维度展开。

(一)治理体系维度量表的验证性因子分析与效度检验

通过对治理体系维度量表进行验证性因子分析得到,各分析项标准载荷系数、组合信度(CR)和平均方差萃取率(AVE)(见表 4.22),以及模型的拟合指标(见表 4.23)。由表 4.22 中指标数值可知,联合办公企业注册量标准化载荷系数绝对值为0.584<0.6,意味着测量关系较弱。经与专家评议,该分析项对于新型智慧城市建设的直接作用与其他分析项相比确实弱很多,因此将该分析项删除。其余分析项的标准化载荷系数均大于0.7,符合要求。同时,组合信度 CR 为 0.871>0.7,平均方差萃取率 AVE 为 0.636>0.5,说明分析项具有良好的聚合(收敛)效度。

表 4.22 治理体系维度量表的验证性因子分析结果

变量名称	标准载荷系数	CR	AVE
城市平台数量	0.726		
联合办公企业注册量	0.584	0.871	0.636
电子政务发展指数	0.878		

(资料来源:笔者根据问卷调查结果统计分析整理而得。)

表 4.23　治理体系维度量表验证性因子分析主要拟合指标一览表

拟合指标	$\chi^2/\mathrm{d}f$	CFI	NFI	AGFI	GFI
拟合很好	(0,2]	>0.95	>0.95	>0.9	>0.95
可以接受	(2,5]	>0.9	>0.9	>0.8	>0.8
模型	3.105	0.971	0.966	0.810	0.962

(资料来源:笔者根据问卷调查结果统计分析整理而得。)

由表 4.23 可见,模型的所有拟合指标都符合要求,可以接受该模型,说明治理体系维度的分析项都是有效的。

(二)基础设施维度量表的验证性因子分析与效度检验

通过对基础设施维度量表进行验证性因子分析得到,各分析项标准载荷系数、组合信度(CR)和平均方差萃取率(AVE)(见表 4.24),以及模型的拟合指标(见表 4.25)。由表 4.24 中指标数值可知,所有分析项的标准化载荷系数均大于 0.7,符合要求。同时,组合信度 CR 为 0.924>0.7,平均方差萃取率 AVE 为 0.669>0.5,说明分析项具有良好的聚合(收敛)效度。

表 4.24　基础设施维度量表的验证性因子分析结果

变量名称	标准载荷系数	CR	AVE
移动电话基站数	0.819		
移动互联网接入流量	0.808		
移动互联网用户	0.824	0.924	0.669
移动电话年末用户	0.783		
移动电话交换机容量	0.860		
移动电话普及率	0.812		

(资料来源:笔者根据问卷调查结果统计分析整理而得。)

表 4.25　基础设施维度量表验证性因子分析主要拟合指标一览表

拟合指标	$\chi^2/\mathrm{d}f$	CFI	NFI	AGFI	GFI
拟合很好	(0,2]	>0.95	>0.95	>0.9	>0.95
可以接受	(2,5]	>0.9	>0.9	>0.8	>0.8
模型	3.008	0.928	0.946	0.851	0.828

(资料来源:笔者根据问卷调查结果统计分析整理而得。)

由表 4.25 可见,模型的所有拟合指标都符合要求,可以接受该模型,说明基础设施维度的分析项都是有效的。

(三)技术支持维度量表的验证性因子分析与效度检验

通过对技术支持维度量表进行验证性因子分析得到,各分析项标准载荷系数、组合信度(CR)和平均方差萃取率(AVE)(见表 4.26),以及模型的拟合指标(见表 4.27)。由表 4.25 中指标数值可知,所有分析项的标准化载荷系数均大于 0.7,符合要求。同时,组合信度 CR 为 0.918>0.7,平均方差萃取率 AVE 为 0.738>0.5,说明分析项具有良好的聚合(收敛)效度。

表 4.26　技术支持维度量表的验证性因子分析结果

变量名称	标准载荷系数	CR	AVE
软件业务收入	0.917		
信息技术服务收入	0.936	0.918	0.738
技术市场成交额	0.798		
电子及通信设备制造业高技术产业专利申请数	0.774		

(资料来源:笔者根据问卷调查结果统计分析整理而得。)

表 4.27　技术支持维度量表验证性因子分析主要拟合指标一览表

拟合指标	$\chi^2/\mathrm{d}f$	CFI	NFI	AGFI	GFI
拟合很好	(0,2]	>0.95	>0.95	>0.9	>0.95
可以接受	(2,5]	>0.9	>0.9	>0.8	>0.8
模型	3.191	0.958	0.954	0.807	0.933

(资料来源:笔者根据问卷调查结果统计分析整理而得。)

由表 4.27 可见,模型的所有拟合指标都符合要求,可以接受该模型,说明技术支持维度的分析项都是有效的。

(四)经济要素维度量表的验证性因子分析与效度检验

通过对经济要素维度量表进行验证性因子分析得到,各分析项标准载荷系数、组合信度(CR)和平均方差萃取率(AVE)(见表 4.28),以及模型的拟合指标(见表 4.29)。由表 4.27 中指标数值可知,所有分析项的标准化载荷系数均大于 0.7,符合要求。同时,组合信度 CR 为 0.906>0.7,平均方差萃取率 AVE 为 0.763>0.5,

说明分析项具有良好的聚合(收敛)效度。

表 4.28　经济要素维度量表的验证性因子分析结果

变量名称	标准载荷系数	CR	AVE
数字经济规模	0.858		
电子及通信设备制造业高技术产业 R&D 经费支出	0.902	0.906	0.763
信息传输、软件和信息技术服务业电子商务采购额	0.860		

(资料来源:笔者根据问卷调查结果统计分析整理而得。)

表 4.29　经济要素维度量表验证性因子分析主要拟合指标一览表

拟合指标	$\chi^2/\mathrm{d}f$	CFI	NFI	AGFI	GFI
拟合很好	(0,2]	>0.95	>0.95	>0.9	>0.95
可以接受	(2,5]	>0.9	>0.9	>0.8	>0.8
模型	3.423	0.904	0.905	0.824	0.809

(资料来源:笔者根据问卷调查结果统计分析整理而得。)

由表 4.29 可见,模型的所有拟合指标都符合要求,可以接受该模型,说明技术支持维度的分析项都是有效的。

(五)数据应用维度量表的验证性因子分析与效度检验

通过对数据应用维度量表进行验证性因子分析得到,各分析项标准载荷系数、组合信度(CR)和平均方差萃取率(AVE)(见表 4.30),以及模型的拟合指标(见表 4.31)。由表 4.30 中指标数值可知,所有分析项的标准化载荷系数均大于 0.7,符合要求。同时,组合信度 CR 为 0.906>0.7,平均方差萃取率 AVE 为 0.828>0.5,说明分析项具有良好的聚合(收敛)效度。

表 4.30　数据应用维度量表的验证性因子分析结果

变量名称	标准载荷系数	CR	AVE
数据中心机架规模	0.944	0.906	0.828
开放数据指数	0.875		

(资料来源:笔者根据问卷调查结果统计分析整理而得。)

表 4.31　数据应用维度量表验证性因子分析主要拟合指标一览表

拟合指标	$x^2/\mathrm{d}f$	CFI	NFI	AGFI	GFI
拟合很好	(0,2]	>0.95	>0.95	>0.9	>0.95
可以接受	(2,5]	>0.9	>0.9	>0.8	>0.8
模型	3.006	0.994	0.954	0.863	0.924

（资料来源：笔者根据问卷调查结果统计分析整理而得。）

由表 4.31 可见，模型的所有拟合指标都符合要求，可以接受该模型，说明数据应用维度的分析项都是有效的。

（六）建设水平维度量表的验证性因子分析与效度检验

通过对建设水平维度量表进行验证性因子分析得到，各分析项标准载荷系数、组合信度（CR）和平均方差萃取率（AVE）（见表 4.32），以及模型的拟合指标（见表 4.33）。由表 4.32 中指标数值可知，所有分析项的标准化载荷系数均大于 0.7，符合要求。同时，组合信度 CR 为 0.891>0.7，平均方差萃取率 AVE 为 0.733>0.5，说明分析项具有良好的聚合（收敛）效度。

表 4.32　建设水平维度量表的验证性因子分析结果

变量名称	标准载荷系数	CR	AVE
国内生产总值	0.743		
计算机、通信和其他电子设备制造业利润总额	0.916	0.891	0.733
高技术产业主营业务收入占制造业的比重	0.900		

（资料来源：笔者根据问卷调查结果统计分析整理而得。）

表 4.33　建设水平维度量表验证性因子分析主要拟合指标一览表

拟合指标	$x^2/\mathrm{d}f$	CFI	NFI	AGFI	GFI
拟合很好	(0,2]	>0.95	>0.95	>0.9	>0.95
可以接受	(2,5]	>0.9	>0.9	>0.8	>0.8
模型	4.238	0.916	0.913	0.834	0.875

（资料来源：笔者根据问卷调查结果统计分析整理而得。）

由表 4.33 可见，模型的所有拟合指标都符合要求，可以接受该模型，说明建设水平维度的分析项都是有效的。

五、指标体系修正集

经过上述分析与检验并征询相关研究者的意见，本书将修改后的调查问卷与多位智慧城市领域研究者进行讨论，最终确定移动互联网情境下新型智慧城市建设影响因素指标体系修正集，见表4.34。

表 4.34　移动互联网情境下新型智慧城市建设影响因素指标体系修正集

指　　标	变量(单位)	内　　涵
治理体系	城市平台数量(个)	城市数据开放平台数
	电子政务发展指数	电子政务发展指数是一种国家电子政务绩效水平的综合衡量尺度
基础设施	移动电话基站数(万个)	移动电话基站数，是指报告期末为小区服务的无线收发信设备，处理基站与移动台之间的无线通信，在移动交换机与移动台之间起中继作用，监视无线传输质量的全套设备数
	移动互联网接入流量(万GB)	在一定时间内打开网站地址的人气访问量，或者是手机移动数据的通俗意思
基础设施	移动互联网用户数(万户)	移动互联网是指移动通信终端与互联网相结合成为一体，是用户使用手机、PAD或其他无线终端设备，通过速率较高的移动网络，在移动状态下(如在地铁、公交车等)随时、随地访问Internet以获取信息，使用商务、娱乐等各种网络服务
	移动电话年末用户数(万户)	移动电话用户指在电信运营企业营业网点办理开户登记手续，通过移动电话交换机进入移动电话网，占用移动电话号码的各类电话用户。包括各类签约用户、智能网预付费用户、无线上网卡用户
	移动电话交换机容量(万户)	移动电话交换机容量指移动电话交换机根据一定话务模型和交换机处理能力计算出来的最大同时服务用户的数量。按报告期末已割接入网正式投入使用的设备实际容量统计
	移动电话普及率(部/百人)	电话普及率指报告期行政区域总人口中，平均每百人拥有的移动电话数。计算公式：移动电话普及率=[移动电话机总数(部)/行政区域总人口数(人)]×100

续上表

指　　标	变量(单位)	内　　涵
技术支持	软件业务收入(万元)	软件和信息技术服务业等企业的软件业务收入
	信息技术服务收入(万元)	软件和信息技术服务业等企业的信息技术服务收入
	技术市场成交额(亿元)	技术市场管理办公室认定登记的技术合同(技术开发、技术转让、技术咨询、技术服务)的合同标的金额的总和
	电子及通信设备制造业高技术产业专利申请数(件)	电子及通信设备制造业高技术产业专利申请数
经济要素	数字经济规模(万亿元)	数字经济分为数字产业化和产业数字化两部分
	电子及通信设备制造业高技术产业R&D经费支出(亿元)	电子及通信设备制造业高技术产业在报告期为实施研究与试验发展(R&D)活动而实际发生的全部经费支出
	信息传输、软件和信息技术服务业电子商务采购额(亿元)	信息传输、软件和信息技术服务业电子商务采购额
数据应用	数据中心机架规模(万架)	数据中心机架数量(按照标准机架2.5 kW统计)
	开放数据指数	开放数据指数的目的在于为每一个关键数据集设立下数据的采集和发布标准,推动各国家地区能够采用此标准开放数据,从而使得社会组织、企业等能够真正挖掘出这些数据的潜能
建设水平	国内生产总值(亿元)	国内生产总值(GDP)指按市场价格计算的一个国家(或地区)所有常住单位在一定时期内生产活动的最终成果
	计算机、通信和其他电子设备制造业利润总额(亿元)	计算机、通信和其他电子设备制造业利润总额
	高技术产业主营业务收入占制造业的比重(%)	高技术产业主营业务收入占制造业的比重

(资料来源:笔者根据资料整理。)

◉ 第五节　新型智慧城市建设影响因素的作用路径

由前述研究发现,新型智慧城市的建设受到多因素的综合影响。尽管可以从治理体系、基础设施、技术支持、经济要素、数据应用等方面加以划分,但如何探究不同因素对新型智慧城市建设水平和效果的影响效应，以形成相应的提升路径与对策的研究尚待展开。本节通过构建结构方程模型，对各因素的影响路径和影响程度进行分析，进而为城市治理之策的提出提供参考。

一、研究假设与概念模型

根据前述指标体系的构建，从治理体系、基础设施、技术支持、经济要素、数据应用五个维度分析各因素与新型智慧城市建设水平的关系，提出研究假设，构建概念模型。

(一)治理体系对新型智慧城市建设水平的影响

新型智慧城市建设强调统筹理念和协调发展，因此需要统一的顶层设计和总体规划，需要政府制定相关的政策法规和完善统一的标准，以打破部门区域之间的纵横向壁垒，实现各子系统的全面智慧化。新型智慧城市的建设需要多方主体共同参与(安小米，2018)，政府需要准确把握企业、社会组织、公众等不同主体对公共服务的需求，在开展决策时充分纳入多元主体共同参与(Daniel，2021)，政府、企业、公众等多元主体协同治理是新型智慧城市建设的必要条件(夏晓忠等，2020)。多元主体参与城市治理，促进政府全盘主导的管理模式向政府牵头、企业和科研机构等多元主体共治的模式转变，实现由"条块"向"扁平"的转变，有助于提高城市公共服务效率，有助于实现城市智慧化治理(贺仁龙，2018)。同时，多元主体参与城市治理还能够为新型智慧城市建设提供更加丰富的数据支持和反馈(包胜等，2018)，进而不断提高新型智慧城市建设水平。因此，提出以下假设：

假设1：治理体系对新型智慧城市建设水平提升具有显著的正向影响作用。

(二)基础设施对新型智慧城市建设水平的影响

信息基础设施对于新型智慧城市的建设具有非常重要的作用，具体体现在如下几个方面。首先，信息基础设施的建设通过投资直接带动经济增长(罗燊、张永伟，2020)。以5G网络建设为例，《中国5G发展和经济社会影响白皮书》测算了2021年5G的经济社会影响，5G直接带动经济总产出1.3万亿元，直接带动经济增加值约3000亿元，间接带动总产出约3.38万亿元，间接带动经济增加值约1.23万亿元，分别比2020年增长33%、39%、31%和31%。其次，信息基础设施能够为新型智慧城市建设提供决策支持。信息基础设施能够帮助收集通信、车辆、气象、人文、经济等信息,为城市规划决策提供信息支持,5G 和基础设施的网联化给新型智慧城市建设提供了新的手段,为城市常态及突发事件状态下的有效治理提供数据支持。再次,信息基础设施能够提高新型智慧城市的数字化基础能力。信息基础设施是以新发展为理念,以技术创新为驱动,以信息网络为基础,面向高质量发展需要,提供数字转型、智能升级、融合创新等服务的基础设施体系。5G、大数据和云计算、物联网平台等信息基础设施将加强或形成新型智慧城市的底层数字化能力。5G 具有高速率、低时延和大连接等特点,5G 通信设施是实现人机物互联的网络基础设施。新型智慧城市数字化基础能力的提升将进一步提高城市的公共服务能力和精准治理水平,优化城市营商环境,提升城市吸引力。最后,信息基础设施能够提高新型智慧城市的创新活力。5G 作为信息基础设施的核心架构赋能新型智慧城市实现"万物智联",极大扩展了新型智慧城市的功能,带来智慧交通、医疗、安防、教育、家居、生活等不同领域的智慧体验(Duque,2023)。大数据中心已经成为存储、处理、分析城市海量数据的重要基础设施,是激发数据要素创新的赋能器。移动互联网、大数据与新型智慧城市应用场景的深度融合,能够帮助城市实现精准化治理和提供个性化的公共服务,进而推动新型智慧城市的建设与发展。因此,提出以下假设:

假设 2:基础设施对新型智慧城市建设水平提升具有显著的正向影响作用。

(三)技术支持对新型智慧城市建设水平的影响

技术是提供稳定可靠城市公共服务的基础和城市精准治理的重要保障(李昊、王鹏,2017),包括硬件设备和软件系统(刘刚、张再生、梁谋,2013)。信息技术的创新和综合运用是新型智慧城市建设的基础,物联化和智能化构成了新型智慧城市的技术特征(屈芳,2017;Chen & Dagestani,2023),政府应借助信息化手段对政府资源进行整合,提高行政服务效率,充分利用广泛覆盖的信息网络,借助最先进的信息技术,建立风险分析模型(杨宇,2020),对新型智慧城市建设面临的风险进行识别和诊断。

新型智慧城市的建设需要具备兼容性与互操作性的信息系统,以支持城市中各种系统的智慧化运营(张小娟、贾海薇、张振刚,2017),因此需要不断进行技术开发与技术创新,以增强不同技术解决方案的硬件和软件兼容性。技术安全性则是实现新型智慧城市建设与运行的基础,包括设备、网络、软件系统等方面的技术安全(汪礼俊、张宇,2019)。当前,新型智慧城市的建设还缺乏统一的技术标准(胡丽、陈友福,2013),技术标准的不统一不仅会影响城市各种资源的整合能力(韩兆柱、马文娟,2016),还会影响新型智慧城市公共管理和服务的精准治理与联动能力(唐斯斯、张延强、单志广等,2020)。统一的技术标准能够为城市的互联互通与精准治理提供有力支撑和保障。因此,提出以下假设:

假设3:技术支持对新型智慧城市建设水平提升具有显著的正向影响作用。

（四）经济要素对新型智慧城市建设水平的影响

新型智慧城市的建设能够体现数字经济的发展,其也是数字经济的主要载体,新型智慧城市需要使用到云计算、大数据等新兴科技,构建创新的运营模式,整合城市资源,融合城市数据和生态,达到城市高效发展的要求。在新型智慧城市的建设中应用数字经济,能够提高城市的智慧程度。有效的数据是新型智慧城市建设的前提和保障,而数字经济主要工作是进行数据的收集和处理,新型智慧城市的建设有效融合数字经济,可以提高新型智慧城市建设的工作效率(郑武积,2021)。在新型智慧城市的建设中广泛运用数字经济,不仅可以提高城市建设的质量,还能影响市场经济的发展,数字经济在新型智慧城市的建设规划中起到重要作用,同时也有利于社会现代化经济的发展(张星蕾、许小燕,2019;Ranchordás & Conata,2020)。因此,提出以下假设:

假设4:经济要素对新型智慧城市建设水平提升具有显著的正向影响作用。

（五）数据应用对新型智慧城市建设水平的影响

当前,城市大脑、城市云控平台等数据中心已经成为新型智慧城市建设的重要环节。数据中心将信息基础设施收集的信息进行统一处理,基于强大的数据收集、存储、计算和分析能力,为政府和企业提供丰富的网络化协同解决方案(罗燊、张永伟,2020),促进服务型政府建设。数据中心的建设和数据的开放共享,对新型智慧城市建设起到非常重要的作用。

一方面,新型智慧城市的建设强调整体思维,要求整合城市的多维多源数据。因此需要构建数据共享机制,实时纠正城市建设与运行过程中的缺陷和问题(党安荣、甄茂成、王丹等,2018),以提高城市服务和精准治理水平。数据共享,尤其是政务数据共享,是新型智慧城市建设的核心,也是解决城市系统运行问题的关键(黄梅,2017)。政务数据共享能够盘活政府基于数据进行治理的能力,将各级部门和政府数据通过共享交换平台接入整个数字经济发展的大环境,扩大政府公共数据的作用范围,既可以更加便捷地为人民服务,又可以提高政府服务与治理能力。政务数据共享平台的构建能够将社会各层级力量形成紧密的网络联结,通过政府数据共享平台,信息传递更加及时,信息透明度提高,政府与民众的信息交互更便捷。推动政务数据共享,充分调动数字经济中的各类互补者,能够集合社会各级力量开展数字共治,有利于发挥集体智慧,实现共治共管。

另一方面,政府掌握了全国最广泛的数据资源,"深藏闺中"则是极大的浪费,开放地方政府数据将会极大地促进新型智慧城市的建设与发展。首先,开放地方政府数据能够促进政府治理的智能化与智慧化发展。地方政府持续动态的数据收集与开放,能够带动企业、行业协会、科研机构、社会组织等主动采集并开放数据,进而帮助地方政府和各职能部门在公共交通、医疗卫生、食品监管等各个领域节省行政管理成本,帮助地方政府提供更加及时高效的公共服务。其次,开放地方政府数据能够提高政府的公信力。通过基于数据的信息公开,不仅有助于投资者更好地分析决策,还有利于吸纳社会力量更好地参与社会治理,增加政府透明度,提高政府公信力(Jung H L,Marguerite G H & Mei-Chih H,2014)。新型智慧城市以数据开放为目标,通过构建数据开放平台实现多源数据融合,促进城市运行的高效互联与智慧化(崔庆宏、黄蓉、王广斌,2021)。因此,提出以下假设:

假设5:数据应用对新型智慧城市建设水平提升具有显著的正向影响作用。

基于以上分析,我们提出移动互联网情境下新型智慧城市建设影响因素的概念模型,如图4.6所示。

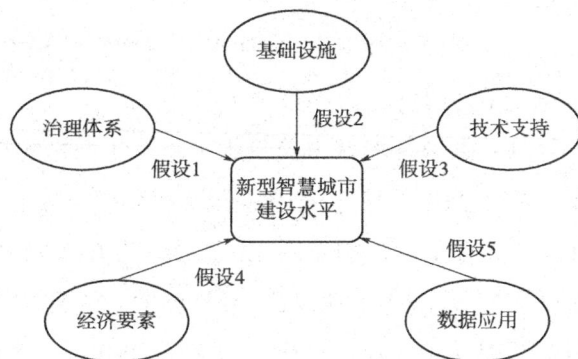

图4.6　移动互联网情境下新型智慧城市建设影响因素的概念模型

(资料来源:笔者根据研究内容绘制。)

二、假设检验

运用结构方程模型分析,对各因素的影响路径与影响程度进行检验,得到假设检验结果如图 4.7 所示,结构方程模型的拟合度指标结果见表 4.35。

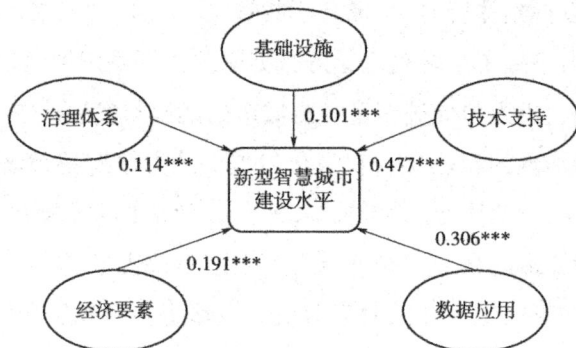

图 4.7 结构方程模型的假设检验结果

(资料来源:笔者根据实证分析结果绘制。)

表 4.35 结构方程模型的拟合度指标

拟合指标	$\chi^2/\mathrm{d}f$	CFI	NFI	AGFI	GFI
拟合很好	$(0,2]$	>0.95	>0.95	>0.9	>0.95
可以接受	$(2,5]$	>0.9	>0.9	>0.8	>0.8
模型	2.719	0.910	0.916	0.832	0.802

(资料来源:笔者根据实证分析结果整理而得。)

由图 4.7 可知,移动互联网情境下,治理体系对新型智慧城市建设水平具有正向影响作用(路径系数为 0.114),在概率值 P 小于 0.001 下显著,研究假设 1 得到样本数据支持;基础设施对新型智慧城市建设水平具有正向影响作用(路径系数为 0.101),在概率值 P 小于 0.001 下显著,研究假设 2 得到样本数据支持;技术支持对新型智慧城市建设水平具有正向影响作用(路径系数为 0.477),在概率值 P 小于 0.001 下显著,研究假设 3 得到样本数据支持;经济要素对新型智慧城市建设水平具有正向影响作用(路径系数为 0.191),在概率值 P 小于 0.001 下显著,研究假设 4 得到样本数据支持;数据应用对新型智慧城市建设水平具有正向影响作用(路径系数为 0.306),在概率值 P 小于 0.001 下显著,研究假设 5 得到样本数据支持。因此,本书中所有假设均得到验证。

随着智慧城市的发展越来越热烈,各个国家将他们的创新想法应用于实践并且产生了一定的作用,取得了一些优异的建设成果。目前智慧城市的风暴已经席卷各个国家,本节以中国为例,对智慧城市的建设现状进行梳理,并根据前述影响因素,通过数据收集对中国总体新型智慧城市建设水平进行评估。

一、中国智慧城市建设的阶段

因智慧城市对于社会发展具有较大的促进作用,能够实现城市的更好发展,因此中国对智慧城市的建设给予很高的重视。自 2008 年开始,中国政府陆续颁布了一系列促进智慧城市建设与发展的政策,政策梳理见附录一。2014 年 8 月,国家制定并推行《关于促进智慧城市健康发展的指导意见》。2015 年 12 月,新型智慧城市建设部际协调工作组正式成立,主要针对新型智慧城市的构建进行协调与统筹,对于提高城市建设质量发挥了积极影响。《新型智慧城市评价指标(2018)》的颁布推行,为新型智慧城市构建提供了重要参考。总体而言,构建新型智慧城市的标准正处于不断提高的趋势,这对于新型智慧城市的构建及未来城市发展都具有重要意义。

迄今为止,中国的智慧城市建设一共经历了四个阶段:2008 年至 2014 年 8 月,是第一个阶段,即智慧城市概念导入期;2014 年 9 月至 2015 年 12 月,是第二个阶段,即智慧城市发展规范期;2016 年 1 月至 2017 年 12 月,是第三个阶段,即智慧城市协同发展期;2018 年 1 月到目前为止,是推进新型智慧城市建设的第四个阶段,即现代化转型期。

在第一个阶段,中国主要是提出建设"智慧城市"的概念,并且凭借各个地方政府以及各个部门协同合作,按照自己对"智慧城市"的理解去建设智慧城市,各个地方的发展比较分散并且没有规则的发展,这个阶段也被称为"智慧城市概念导入的行业应用驱动阶段"。在此期间,2012 年 11 月住房和城乡建设部颁布《国家智慧城市试点暂行管理办法》,强调智慧城市建设是贯彻中共中央、国务院关于创新驱动发展、推动新型城镇化、全面建成小康社会的重要举措,应加强现代科学技术在城市规划、建设、管理和运行中的综合应用,是推进智慧城市试点的重要举措。2013 年 1月,住房和城乡建设部开展国家智慧城市试点创建工作会议,公布了 90 个首批国家智慧城市试点城市;同年 5 月份,启动第二批国家智慧城市试点申报工作,增加 103个城市为 2013 年度国家智慧城市试点。2013 年 10 月,科技部办公厅和国家标准委办公室联合确定了国家"智慧城市"技术和南京、大连、青岛、成都等 20 个标准试点城市,由此开启了中国智慧城市的快速和规范发展期。

在第二个阶段,国家成立专门的智慧城市建设小组,在国家层面推进智慧城市的建设。各个地方政府部门不再孤军奋战,国家开始指导智慧城市的建设,智慧城市发展进入规范期。在此期间,中共中央、国务院颁布《国家新型城镇化规划(2014—2020 年)》,首次把智慧城市建设引入国家战略规划,同时指明智慧城市的建设方向:信息网络宽带化、规划管理信息化、基础设施智能化、公共服务便捷化、产业发展现代化、社会治理精细化。2015 年 4 月,住房和城乡建设部、科学技术部联合公布国家智慧城市 2014 年度试点名单,增加 84 个城市试点。2015 年 11 月,国家标准委、中央网信办、国家发展和改革委员会联合发布《关于智慧城市标准体系和评价指标体系建设及应用实施的指导意见》,明确提出要加快形成智慧城市建设的标准体系和评价指标体系,加强重点标准的研制和应用,开展智慧城市评价工作,充分发挥标准和评价对智慧城市健康发展的引导支撑作用。由此,中国智慧城市的建设有了明确的标准体系和评价指标体系,在标准化下开启智慧城市协同发展期。

在第三个阶段,将智慧城市理念上升到国家战略层面,将离散的信息和数据整合起来,智慧城市建设进入以人为本和协同合作的发展阶段。2016 年 3 月,《中华人民共和国国民经济和社会发展第十三个五年规划纲要》提出加快现代信息基础设施建设,推进大数据和物联网发展,建设智慧城市,将建设智慧城市列为信息城镇化的重要工程,并提出创新城市治理方式,改革城市管理和执法体制,推进城市精细化、全周期、合作性管理。2016 年 8 月,中共中央、国务院发布《国家信息化发展战略纲要》,指出要分级分类推进新型智慧城市建设。2016 年 10 月,国务院发布《关于加快推进"互联网+政务服务"工作的指导意见》,明确提出要加快新型智慧城市建设,要求各地区各部门加强统筹,注重实效,分级分类推进新型智慧城市建设,打造透明高效的服务型政府,为推动中国"互联网+政务服务"工作指明了方向。

2016 年 12 月,国家市场监督管理总局和国家标准委联合发布《新型智慧城市评价指标》(GB/T 33356—2016)(现已废止,新版为 GB/T 33356—2022),为新型智慧城市建设提供了必要依据和规范。2017 年 1 月,中共中央、国务院发布《关于促进移动互联网健康有序发展的意见》,提出加快建设并优化布局内容分发网络、云计算及大数据平台等新型应用基础设施,加快实施"互联网+"行动计划、国家大数据战略,大力推动移动互联网和农业、工业、服务业深度融合发展。2017 年 10 月,《智慧城市技术参考模型》的发布,明确了智慧城市建设的技术原则和要求。在一系列政策推动和技术拉动下,中国智慧城市的建设进入现代化转型期。

在第四个阶段,全国各地加快推进建设新型智慧城市,并且将建设新型智慧城市的理念扩展到农村,智慧城市建设进入现代化转型创新阶段。2018 年 6 月,《智慧城市顶层设计指南》给出了智慧城市顶层设计的总体原则、基本过程及具体建议,《智慧城市软件服务预算管理规范》则规定了智慧城市软件服务的范围、成本构成和预算管理的基本过程。2018 年 10 月,《智慧城市信息技术运营指南》提供了智慧城市运营的总体框架及 ICT 基础设施运营、数据运营、信息系统运营、安全运营等方面的相关建议。2018 年 12 月,中共中央经济工作会议上提出要加快 5G 商用步伐,加强人工智能、工业互联网、物联网等新型基础设施建设。2019 年 1 月,《智慧城市时空大数据平台建设技术大纲(2019 版)》的颁布为推动全国数字城市地理空间框架建设向智慧城市时空大数据平台的升级转型奠定了基础。2019 年 10 月,《中共中央关于坚持和完善中国特色社会主义制度推进国家治理体系和治理能力现代化若干重大问题的决定》提出加快推进全国一体化政务服务平台建设,健全强有力的行政执行系统。2020 年 5 月,《中共中央　国务院关于新时代加快完善社会主义市场经济体制的意见》强调推进数据政府建设,《2020 年国民经济和社会发展计划草案》则强调推进 5G、物联网、车联网、工业互联网、人工智能、一体化大数据中心等新型基础设施投资。2020 年 10 月,《中共中央关于制定国民经济和社会发展第十四个五年规划和二〇三五年远景目标的建议》提出,要加强和创新社会治理,推动社会治理重心向基层下移,向基层放权赋能,加强城乡社区治理和服务体系建设,减轻基层特别是村级组织负担,加强基层社会治理队伍建设,构建网格化管理、精细化服务、信息化支撑、开放共享的基层管理服务平台;加强和创新市域社会治理,推进市域社会治理现代化。2021 年 1 月,住房和城乡建设部发布《关于加强城市地下市政基础设施建设的指导意见》,强调运用 5G、物联网、人工智能、大数据、云计算等技术,提升城市地下市政基础设施数字化、智能化水平。2021 年 3 月,《中华人民共和国国民经济和社会发展第十四个五年规划和 2035 年远景目标纲要》提出要加快数字社会建设步伐,适应数字技术全面融入社会交往和日常生活新趋势,以数字化助推城乡发展和治理模式创新,分级分类推进新型智慧城市建设,推进市政公用设施、建筑等物联网应用和智能化改造,推进智慧社区建设。2022 年 3 月,国家发展和改革委员会发布《2022 年新型城镇化和城乡融合发展重点任务》,提出建设"城市数据大脑",加快构建城市级大数据综合应用平台,打通城市数据感知、分析、决策、执行环节,推进政务服务智慧化。中国智慧城市经过十几年的发展,已进入标准化、现代化转型期。

二、中国智慧城市建设的现状

为促进中国新型智慧城市建设,各地方政府和公共管理部门积极合作,制定一系列法律法规,为新型智慧城市建设创造良好环境。到目前为止,中国仍将推进新型智慧城市建设作为优先事项。一方面,各个地方政府积极推进符合本地特色的新型智慧城市建设。各个省级城市以及超过 80% 的地级城市全都提出推进建设智慧城市,分别在教育、公共卫生、交通等方面不断推进智慧城市的建设。另一方面,国家积极开展智慧城市打分活动。从 2019 年全国新型智慧城市一级指标得分率分布数据中可以看出,惠民服务、精准治理、生态宜居、智能设施领域得分率相对比较集中,差异系数较小,参评城市在这四个领域的发展水平较为均衡;信息资源领域的差异系数最大,达到 62.76% ,由此可见不同地方对于信息资源共享和开发利用差异程度最大,是未来破解发展不充分、不均衡的重要内容之一。中国智慧城市建设已经在医疗、购物、生活、教育等方面取得重大成果,人民生活水平显著提升,居民幸福感增强。中国智慧城市的建设呈现以下三个特点。

（一）政策环境不断优化

近年来,为推动中国智慧城市健康有序发展,各部门、各地方先后出台了一系列政策举措和战略部署优化发展环境。一是国家层面高度重视。习近平总书记多次就智慧城市建设发表重要讲话,作出重要指示。国家标准《智慧城市顶层设计指南》(GB/T 36333—2018)规定了智慧城市顶层设计的总体要求、基本过程及需求分析、总体设计、架构设计、实施路径设计等。2021 年 3 月,新华社全文刊发《中华人民共和国国民经济和社会发展第十四个五年规划和 2035 年远景目标纲要》中明确提出

"构建智慧城市和数字乡村"和"构筑美好数字生活新图景"。2021年4月,发改委印发《2020年新型城镇化建设和城乡融合发展重点任务》,提出"建设新型智慧城市"。二是地方层面积极推进。各地纷纷发布智慧城市建设政策文件,正式翻开了智慧城市新篇章。上海市发布了《关于全面推进上海城市数字化转型的意见》;苏州市召开数字经济和数字发展推进大会,并发布《苏州市推进数字经济和数字化发展三年行动计划(2021—2023年)》;深圳市发布《深圳市人民政府关于加快智慧城市和数字政府建设的若干意见》,将打造具有深度学习能力的城市智能体等。在中国,智慧城市已经成为一种城市发展理念,受到各级政府、社会各界的高度重视。

(二)技术能力快速提升

智慧城市的建设一方面需要互联网、物联网、云计算、大数据、人工智能等新一代信息技术的支持,另一方面也反过来促进信息技术的迭代创新。例如,大数据对于提升智慧城市的经济承载力、社会承载力和生态承载力都具有非常重要的作用,具体表现在四个方面:一是大数据的应用能够使城市规划更合理;二是大数据的应用能够帮助实现对城市运行的实时监控;三是大数据在开展智能决策、精准施策方面起到非常重要的作用;四是大数据帮助地方政府和城市公共管理部门向市民提供更加高效的服务。而智慧城市在运营过程中又会不断产生新的数据,促进大数据收集、处理、分析技术的创新发展和能力的不断提升。随着中国新型智慧城市建设规模的不断扩大,成功的建设经验不断被复制被创新,促进各种信息技术的创新,技术能力快速提升。

(三)建设成效逐步显现

在网络基础设施、物联网等前期建设投入的基础上,一些城市开启了城市大脑建设的探索。这些城市在城市大脑的建设和应用过程中,侧重点亦有不同,或侧重于服务,或侧重于治理,为其他城市树立了典范。在移动互联网的浪潮下,一些城市成功打造数字服务"品牌",形成具有鲜明地方特色的超级应用,以移动端城市服务这一民生最为关切的领域作为突破口,推动数字服务水平迈上新台阶。

同时,参与新型智慧城市建设的企业不断增多,例如,紫光云公司面向政企等客户,聚焦于智慧城市运营,深耕智慧城市领域,树立智慧连云港、智慧滨海、智慧武清新标杆,为城市打造坚实的数字化底盘,并为全国十余个省市的疫情防控、企业复工复产提供技术支持及全天候运维服务,对推进新型智慧城市的建设起到非常重要的作用。腾讯集团倾力打造腾讯云，面向全世界各个国家和地区的政府机构、企业组织和个人开发者，提供全球领先的云计算、大数据、人工智能等技术产品与服务，以卓越的科技能力打造丰富的行业解决方案，构建开放共赢的云端生态，整合城市运行数据，提升资源利用率、优化市政管理和服务、改善市民生活质量。由此可见，中国新型智慧城市建设逐步取得一定成效。

三、中国智慧城市建设的模式

新型智慧城市建设能够充分把握信息发展机遇、推动实施国家信息发展战略和引领经济社会创新发展。近年来，国家出台多项政策以加快推进新型智慧城市在中国的建设，明确提出中国城市发展应在城市生态环境建设和城市可持续的前提下，充分利用数据资源、物联网、大数据、AI 等新一代信息技术，解决建设资源的可持续发展与不平衡问题。为推动城市创新转型和高质量发展，政府和企业都积极探索新型智慧城市建设之策，因此涌现出政府主导模式、企业主导模式和政企联合建设模式等多种建设模式，有效提高政府的治理能力和服务水平，具体模式分述如下。

（一）政府主导模式

政府主导模式下，政府是智慧城市建设的发起人，负责智慧城市建设的统筹规划，承担大部分的筹资任务；运营商、解决方案提供商等企业作为承建方，为政府提出的规划提供解决方案并付诸实践。政府主导模式下政府对智慧城市建设项目的把控能力较强，能够对后期运营和维护进行有效调控。但政府的资金压力较大、管理风险较高，适合城市政府内部管理和服务业务的建设。

（二）企业主导模式

企业主导模式下，政府仅提供政策指引和部分资金甚至不提供资金支持，而由运营商、解决方案提供商等企业承担主要的筹资和建设任务，并通过项目后期运营回收资金并获得利润。企业主导模式下，政府的压力和风险都很小，但对建设过程和建设成果的监管却受到很大限制，建成后的服务质量也难保证；由于企业可以从项目后期运营中获益，企业参与的积极性往往较高，可以充分发挥企业的资金、技术、管理等优势。

（三）政企联合建设模式

政企联合建设模式是指通过政府与企业合作建设，根据双方投入资金的时间和比例不同又分为如下几种情况。一是由前期由企业出资建设,建设完成后政府向企业支付项目投资总额和合理利润。这种模式的建设出资者实际是政府,只是项目建设完成后才付款,一般适用于非经营性项目建设。此种模式中,企业前期负担的资金压力较大,参与积极性受到限制。二是由政府提供部分资金和政策上的支持,与企业合作建设和运营。在项目建设初期,政府投入一定的资金,并制定相关政策和法律法规,以确保项目建设和运营的良好环境。企业在整个项目启动后,依托自身的技术、管理、资金优势等主要负责项目的建设和运营维护,并从运营中获利。三是由政府和私人部门合作成立联合公司,通过共同设计、共同研发、共担风险、共享利益,保持在智慧项目建设和运营全过程的合作,PPP 模式是这种模式的典型代表。政府与企业联合成立公司作为智慧项目的建设和运营主体,能够有效优化融资结构,整合并充分发挥政府和企业各自的优势,提升智慧项目建设的效率和质量,对促进新型智慧城市的建设具有重要作用。

四、中国智慧城市建设的趋势

经过十多年的发展,智慧城市已经从概念、理论和政策逐步走进现实世界,人们在每天的工作生活中也能充分体会到城市治理效率的提升,享受着数字技术带来的便利。但随着各种新需求的出现和问题的暴露,社会各界对智慧城市的认识不断变化,新型智慧城市建设的方向和路径也有了新的思路。

(一)数字孪生城市出现

当前,世界正快速由工业经济时代迈向数字经济时代,由比特化数据所构建的数字空间,形成现实世界的数字映像,为人类认识和改造世界提供了颠覆性手段。在智慧城市建设方面,数字孪生城市即是城市的数字映像,通过其全域感知、精准映射、虚实交互和全局洞察等特点,推动城市治理向数字化、全面化、精准化、预见化跃迁,新型智慧城市建设已进入以数据为核心的新阶段。

运用移动互联网、大数据、云计算、人工智能等新一代信息技术推进城市管理理念和模式创新,促进智慧城市治理体系创新和治理能力提升。如何充分运用数字技术,提升智慧城市的数据管理能力,打破城市中各参与方之间的"数据孤岛",释放数据价值,成为新型智慧城市建设需要解决的关键问题。《中华人民共和国国民经济和社会发展第十四个五年规划和 2035 年远景目标纲要》提出,要"完善城市信息模型平台和运行管理服务平台,构建城市数据资源体系,推进城市数据大脑建设""探索建设数字孪生城市"，为新型智慧城市建设提出更加明确的要求。

(二)政府服务模式转变

随着移动互联网和大数据、云计算等信息技术的发展，新型智慧城市建设在技术、业务、数据等方面不断融合，跨部门多元合作逐渐增多，政府服务模式不断转变，越来越多的地方政府认识到数据开放与共享的优势与重要性。为破解互联互通难、数据共享难、业务协同难等困难，中国从网络、平台、数据等方面着手，构建国家、省、地市三级数据共享交换体系，依托互联网实现政务数据共享。网络方面，电子政务不断发展，政府通过电子政务与外部部门进行连接，为社会公众提供更加方便快捷和公开公平的服务。联合国电子政务调查结果显示，2021 年中国的在线服务指数[①]高达 0.928，电子政务发展指数[②]也高达 0.852，位居全球前列。平台方面，依托电子政务网络，信息共享平台上线，复旦大学数字与移动治理实验室的统计表明，截至 2021 年，中国政府数据开放平台数达到 193 个，打造了全国一体化数据共享交换平台体系。数据方面，政务信息资源目录体系基本建立，实现基于国家数据共享交换平台的政务信息资源共享目录动态更新和在线管理。

(三)建管模式向多元合作转变

当前，中国新型智慧城市建设进入快速发展期，资金需求越来越大，政府面临巨大的财政压力。为充分调动社会力量和资源的参与，政府积极开展与企业的合作，推动新型智慧城市建管模式向多元化合作模式转变。例如，PPP 模式便是一种被广泛使用的建管模式，由政府和私营企业共同出资成立特殊项目公司来开展智慧城市建设项目的投融资、建设、运营等一系列工作。通过 PPP 模式，在降低政府财政压力的同时，提高企业的参与度，企业既是新型智慧城市的建设者，也是受益者。新时代背景下，面对新形势、新问题、新要求和新挑战，新型智慧城市建设需要以新智慧、新方法、新模式来有效应对。因此，主管部门、地方政府、行业企业、科研机构等必须精诚合作、协同创新，共同推动新型智慧城市建设。

---

① 在线服务指数(OSI)用于衡量政府使用信息和通信技术在全国范围内提供公共服务的情况，包括政府信息公开、社交媒体应用和在线政务服务等方面共 148 个具体评价指标。该指数越高，意味着人们可以在政务服务平台上在线办理更多的业务和享受更多的服务。

② 电子政务发展指数是一种国家电子政务绩效水平的综合衡量尺度，旨在评估电子政务的三个重要方面，即在线服务的范围和质量，通信基础设施的地区合作和人力资源的开发，分别由 OSI(在线服务指数)、TII(通信基础设施指数)、HCI(人力资本指数)来衡量，权重各占 1/3。

五、中国新型智慧城市建设的水平

根据前文对新型智慧城市建设影响因素和中国智慧城市建设情况的分析,接着收集具体数据,采用模糊综合评价法,先从总体层面对中国新型智慧城市建设的水平进行评估,再对中国不同地区的新型智慧城市建设水平开展横向对比分析。

(一)模糊综合评价方法概述

模糊综合评价是对受多种因素影响的事物作出全面评价的一种十分有效的多因素决策方法,其特点是评价结果不是绝对地肯定或否定,而是以一个模糊集合来表示。模糊综合评价就是应用模糊数学中的模糊集理论对系统进行综合评价的一种方法,在应用时需要建立模糊综合评价指标体系。

建立模糊综合评价指标体系时应遵循保持评价指标体系整体完备性和内部独立性、评价指标体系中各评价指标要有可测性和可比性、凸显评价指标中的人文要素、评价指标中评价等级的划分不能过细等基本原则。

具体来说,模糊综合评价方法的应用步骤如下:

1. 确定评判的因素集

根据评价指标体系的一级指标的性质特征,确定评价关系中因素为 $u = \{u_1, u_2, u_3, \cdots u_n\}$,式中 n 为因素的总个数,这些因素通常都具有不同程度的模糊度。

2. 确定指标权重集

权重就是表示每项评价指标在指标体系中依据重要程度所占的比重,因素集中各因素对评判事物的影响是不一致的,赋予各因素 u_i 一个权重 a_i,则因素的权重分配集 A 可以看成因素集 U 上的一个模糊集,记为 $A = \{a_1, a_2, a_3, \cdots a_n\}$,且满足归一化条件:

$$\sum_{i=1}^{n} a_i = 1, 0 < a_i < 1。$$

3. 确定评价的评语集

评语集就是评价者对评价对象可能作出的各种总的评价结果组成的集合。设评价集为 $V = \{v_1, v_2, v_3, \cdots v_m\}$,式中 m 为总的评价数。

4. 建立从 U 到 V 的单因素评判矩阵 R

对每个因素 $u_i(i \leqslant n)$ 作出单因素评价,由于有 m 种不同的评价等级,对每一因

素 u_i 的评价结果为评价集 V 上的一个模糊集，写成模糊向量为 $R_i = \{r_{i1}, r_{i2}, \cdots r_{im}\}$ $(i = 1, 2, \cdots m)$。评价结果满足归一化条件，向量的各分量之和为 1，即对每一个 i 均有 $r_{i1} + r_{i2} + r_{i3} + \cdots + r_{im} = 1$。所有单因素评价构成 U 到 V 的模糊关系 R：

$$R = (r_{ij})_{n \times m} = \begin{bmatrix} r_{11} & r_{12} & \cdots & r_{1m} \\ r_{21} & r_{22} & \cdots & r_{2m} \\ \vdots & \vdots & & \vdots \\ r_{n1} & r_{n2} & \cdots & r_{nm} \end{bmatrix}$$

5. 作出评判结果

指标权重向量 A 与单因素评判矩阵 R 复合作用便可得评判结果：$B = A \circ R = (b_1, b_2, b_3, \cdots b_m)$，"$\circ$"是一种模糊运算，模型通过模糊关系矩阵将因素向量转换为等级模糊向量，而且由运算"$\circ$"的不同定义可得到模糊综合评价的不同数学模型。这些模型主要有 M($\wedge$, $\vee$)、M($\cdot$, $\vee$) 和 M($\cdot$, +) 三种，模糊运算模型的选择是否恰当对评价结果有重要影响。不同的模型决定着评价指标的权重是否在运算过程中起到实质性作用，决定着决策者是考虑所有因素对评价结果的影响，还是突出小影响因素或主要影响因素对评价结果的作用。

6. 得出评判结论

模糊综合评价的最终结果集是根据评判结果集来确定，具体方法包括最大隶属度原则法、以好充次法和加权平均法等方法。运用不同的方法得到的结论有时会有差异，所以需要针对实际问题，选取适当的方法，从而得出比较全面准确的评价结论。

(二)运用模糊综合评价方法评估整体水平

1. 确定评判因素集和指标权重

根据前文中对新型智慧城市建设影响因素的分析和实证检验，将结构方程模型的结果进行归一化处理，得到评价指标的权重，见表 4.36。

表 4.36　新型智慧城市建设水平评价指标权重汇总

一级指标	指标权重	二级指标	指标权重
治理体系	0.096	城市平台数量(个)	0.051
		电子政务发展指数	0.060

续上表

一级指标	指标权重	二级指标	指标权重
基础设施	0.085	移动电话基站数(万个)	0.058
		移动互联网接入流量(万 GB)	0.058
		移动互联网用户数(万户)	0.058
		移动电话年末用户数(万户)	0.053
		移动电话交换机容量(万户)	0.059
		移动电话普及率(部/百人)	0.057
技术支持	0.401	软件业务收入(万元)	0.062
		信息技术服务收入(万元)	0.066
		技术市场成交额(亿元)	0.057
		电子及通信设备制造业高技术产业专利申请数(件)	0.055
经济要素	0.161	数字经济规模(万亿元)	0.060
		电子及通信设备制造业高技术产业 R&D 经费支出(亿元)	0.061
		信息传输、软件和信息技术服务业电子商务采购额(亿元)	0.061
数据应用	0.257	数据中心机架规模(万架)	0.064
		开放数据指数	0.063

(资料来源:笔者根据实证分析结果整理而得。)

由表 4.36 可得,权重分配集 $A = \{a_1, a_2, a_3, \cdots a_{17}\} = \{0.051, 0.060, 0.058,$ 0.058, 0.058, 0.053, 0.059, 0.057, 0.062, 0.066, 0.057, 0.055, 0.060, 0.061, 0.061, 0.064, 0.063\}。

2. 确定评价的评语集

根据新型智慧城市建设的等级特性,设定评语集为 $V = \{v_1 v_2, v_3, v_4, v_5\} = \{$高, 较高,一般,较低,低\},并设置相应的分值为\{9.0 分及以上,8.0-8.9 分,6.0-7.9 分,5.0-5.9 分,4.9 分及以下\}。

3. 构建评判矩阵进行评价

因 2022 年度的数据尚不完整,因此我们搜集各评价指标于 2012—2021 年十年的数据,作为评判矩阵,分析中国智慧城市近十年的建设水平变化情况。数据来源于国家统计局、工业和信息化部统计数据、复旦大学数字与移动治理实验室、中国高技术产业统计年鉴、中国开放数林指数网、中国信息通信研究院、中国社会科学院世界经济与政治研究所、华经产业研究院、中商产业研究院、前瞻产业研究院、联合国电子政务调查，以及艾媒、智研咨询等。为避免各指标单位不同给评估带来干扰，在计量时对所有指标的数值做取对数处理。对于个别缺失值，研究过程中采用取平均数的方法进行补齐，得到十年间各评价指标数值的对数值（如表 4.37 所示），表 4.37 中每一列数据即为当年的评判矩阵 R。

由于新型智慧城市建设的影响因素较多，要想使评价结果科学合理，就必须充分考虑各种因素的影响，全面地反映单因素评价的信息。这就要求依靠权重的大小对所有因素权衡兼顾，因此，采用模糊运算 $M(\cdot, +)$，在此模型中：

$$b_j = \sum w_i r_{ij}, \ j = 1, 2, 3, \cdots m$$

这样不仅突出主要影响因素，也兼顾其他因素，评价过程更细致。

将指标权重向量 A 与评判矩阵 R 复合作用，得出 2012—2021 年十年间中国智慧城市建设的总体水平变化情况。

$$B_{2012-2021} = \{7.854, 7.986, 8.176, 8.344, 8.532, 8.742, 8.961, 9.104, 9.231, 9.381\}$$

4. 得出评判结论

由此可见，近十年中国智慧城市的建设水平不断提高，取得较好的建设成效。从 2018 年开始，中国新型智慧城市建设进入高速发展期，建设成果也达到高水平，这与前文中指出的从 2018 年开始中国智慧城市建设进入推进新型智慧城市建设的现代化转型期是相吻合的，是符合事实的，由此也验证了研究所采用的方法与过程的可靠性。

（三）不同地区新型智慧城市建设水平的横向对比

我们从中国华东、华北、东北、华中、华南、西南、西北各地区各选取两个省区，收集各省区 2021 年各指标数据，对中国不同地区新型智慧城市建设水平进行横向对比分析。选取省区为山东、江苏、河北、内蒙古、黑龙江、辽宁、河南、湖南、广东、广西、云南、四川、甘肃、新疆，下辖城市于 2021 年时的新型智慧城市试点个数见表 4.38。数据来源于国家统计局、各省区统计局、复旦大学数字与移动治理实验室、清华大学社会科学学院数据治理研究中心、各省区数字经济发展研究报告以及各省区政府公布数据。由于各省区数据与全国整体数据统计指标名称稍有区别，考虑到数据可获得性，在对不同地区进行横向对比时，用"数字政府发展指数"代替"电子政务发展指数"，用"开放数林指数"代替"开放数据指数"，因为开展横向对比研究，

表 4.37　2012—2021 年各指标的 ln 值

指标	2012	2013	2014	2015	2016	2017	2018	2019	2020	2021
城市平台数量	1.099	1.099	1.386	2.197	2.485	2.833	3.871	4.489	4.828	5.153
电子政务发展指数	3.982	3.991	3.998	4.054	4.106	4.165	4.221	4.301	4.376	4.445
移动电话基站数	5.328	5.484	5.828	6.146	6.326	6.428	6.474	6.735	6.836	6.904
移动互联网接入流量	11.519	11.792	12.237	12.945	13.751	14.715	15.774	16.317	16.622	16.914
移动互联网用户数	11.274	11.299	11.380	11.477	11.603	11.753	11.756	11.789	11.812	11.861
移动电话年末用户数	11.619	11.719	11.765	11.753	11.792	11.862	11.962	11.984	11.979	12.009
移动电话交换机容量	12.117	12.123	12.189	12.231	12.293	12.295	12.397	12.466	12.515	12.523
移动电话普及率	4.413	4.503	4.544	4.527	4.560	4.625	4.721	4.740	4.727	4.757
软件业务收入	10.118	10.328	10.519	10.665	10.784	10.917	11.033	11.185	11.309	11.462
信息技术服务收入	9.468	9.682	9.837	10.008	10.169	10.329	10.534	10.682	10.870	11.007
技术市场成交额	8.770	8.919	9.057	9.194	9.342	9.505	9.781	10.017	10.249	10.527
电子及通信设备制造业高技术产业专利申请数	11.274	11.329	11.499	11.492	11.676	11.860	12.078	12.246	12.350	12.443
数字经济规模	11.462	11.764	11.995	12.134	12.328	12.514	12.654	12.788	12.879	13.028
电子及通信设备制造业高技术产业 R&D 经费支出	6.861	7.065	7.188	7.343	7.477	7.584	7.729	7.798	7.984	8.198
信息传输、软件和信息技术服务业电子商务采购额	5.967	6.130	6.801	6.764	7.305	7.897	7.840	7.471	7.588	7.974
数据中心机架规模	4.007	4.234	4.454	4.682	4.820	5.112	5.421	5.753	5.994	6.254
开放数据数据指数	4.263	4.277	4.277	4.277	4.290	4.290	4.304	4.304	4.317	4.317

（资料来源：笔者根据资料整理分析。）

这种替代对研究结论不会造成影响。为避免各指标单位不同给评估带来干扰,在计量时对所有指标的数值做取对数处理,得到2021年各省区评价指标数值的对数值(见表4.39)。

表4.38　2021年各省区新型智慧城市建设试点个数

地　区	省　区	新型智慧城市试点个数
华东	山东	25
	江苏	20
华北	河北	10
	内蒙古	5
东北	黑龙江	9
	辽宁	7
华中	河南	11
	湖南	16
华南	广东	10
	广西	6
西南	云南	6
	四川	11
西北	甘肃	7
	新疆	7

由表4.39可知,2021年山东、江苏、河北、内蒙古、黑龙江、辽宁、河南、湖南、广东、广西、云南、四川、甘肃、新疆各省区新型智慧城市建设水平得分分别为9.461,9.574,8.560,7.569,7.413,8.245,8.292,8.689,9.974,8.255,7.525,9.074,7.140,6.992。由得分可以发现,广东、江苏、山东三个省份得分高于全国总体水平9.381分,其中,广东省综合评分最高,为9.974分,位居第一;江苏省综合评分为9.574分,位居第二;山东省综合评分为9.461分,位居第三。其余各省区综合评分排序依次为四川、湖南、河北、河南、广西、辽宁、内蒙古、云南、黑龙江、甘肃、新疆。从不同地区划分来看,沿海的华东、华南地区新型智慧城市建设水平最高,是中国新型智慧城市建设的第一梯队,其中华东地区处于绝对领先地位;华中、西南、华北三个地区位居其次,是中国新型智慧城市建设的第二梯队;东北和西北地区则构成中国新型智慧城市建设的第三梯队。

表 4.39　2021 年各省区新型智慧城市建设水平评价指标的 ln 值

指标	山东	江苏	河北	内蒙古	黑龙江	辽宁	河南	湖南	广东	广西	云南	四川	甘肃	新疆
城市平台数量	2.773	2.639	0.693	0.693	1.386	0.000	0.000	2.079	3.045	2.639	0.000	3.045	0.693	1.386
数字政府发展指数	4.181	4.167	3.804	3.983	3.839	3.848	4.072	4.036	4.250	4.066	3.716	4.228	3.784	3.706
移动电话基站数	11.983	10.166	11.043	9.210	10.516	10.820	11.483	11.339	11.806	10.669	10.463	11.097	9.210	9.259
移动互联网接入流量	14.044	14.194	13.756	12.912	12.664	13.199	14.137	13.768	14.718	13.585	13.710	14.044	12.949	13.140
移动互联网用户数	9.145	9.077	8.924	7.888	8.037	8.293	9.120	8.704	9.620	8.519	8.310	8.986	7.797	7.810
移动电话年末用户数	9.328	9.228	9.065	8.012	8.232	8.512	9.245	8.845	9.697	8.615	8.526	9.142	7.917	7.995
移动电话交换机容量	9.595	10.036	9.652	8.708	9.067	8.824	9.665	9.278	10.078	9.323	8.731	9.725	8.477	8.773
移动电话普及率	4.706	4.785	4.754	4.834	4.790	4.768	4.652	4.652	4.854	4.695	4.678	4.714	4.703	4.741
软件业务收入	18.168	18.550	15.304	14.837	13.225	16.727	15.325	16.232	18.874	15.755	13.687	17.586	13.044	13.502
信息技术服务收入	17.302	18.018	15.088	14.826	12.657	15.767	14.919	15.718	18.443	15.640	13.548	17.157	12.543	13.239
技术市场成交额	7.815	7.866	6.616	3.717	5.858	6.627	6.409	7.140	8.319	6.846	4.664	7.236	5.636	2.937
电子及通信设备制造业高技术产业专利申请数	8.941	9.605	8.026	5.464	5.429	6.590	7.404	8.355	8.686	4.533	5.561	6.765	3.178	4.111
数字经济规模	10.463	10.820	9.401	8.362	8.243	9.024	9.680	9.350	10.859	9.024	8.810	9.903	9.170	8.366
电子及通信设备制造业高技术产业 R&D 经费支出	4.688	6.144	3.456	2.067	2.092	3.339	3.933	4.130	7.239	2.172	2.913	4.734	0.912	0.336
信息传输、软件和信息技术服务业电子商务采购额	9.118	8.887	7.726	7.953	6.414	7.962	8.167	8.156	9.940	7.193	7.286	8.608	6.776	6.770
数据中心机架规模	12.128	12.766	13.023	11.934	11.035	10.309	9.952	11.608	13.010	11.328	10.621	11.290	10.985	10.919
开放数林指数	4.306	3.505	3.149	1.105	1.092	3.295	1.022	2.488	3.740	3.751	0.916	3.857	1.816	0.207

（资料来源：笔者根据数据整理分析。）

第五章

移动互联网情境下新型智慧城市建设的风险

当前，世界范围内诸多发达国家都将智慧城市建设作为国家发展战略的重要内容，中国在新型智慧城市建设方面也投入了大量人力、物力、财力，取得了较好的建设成果。随着新兴技术的发展和智慧要求的不断提高，新型智慧城市的建设和运行面临诸多风险，统筹推进城市的现代化、智慧化发展成为新型智慧城市建设的关键与挑战(吕欣等，2021)。本章节重点对移动互联网情境下新型智慧城市建设的风险进行识别，并对风险预防和应对之策开展研究。对新型智慧城市建设与运行中风险的研究，不仅对于深化城市发展理论和社会风险理论具有重要意义，对促进城市的转型与高质量发展也至关重要。

● 第一节　新型智慧城市建设的风险识别

新型智慧城市是推动城市治理体系和治理能力现代化的重要途径，是提升居民生活幸福感与满意度的重要方法。建设新型智慧城市是促进经济发展的内生动力，是当前及未来城市建设和发展的主旋律。随着信息技术的快速发展，新型智慧城市建设在享受技术红利的同时，也面临着数据泄露、新型基础设施遭受网络攻击、网络安全威胁等诸多风险(陈月华、陈发强、王佳实，2022)。风险具有不确定性，风险的存在会影响、威胁甚至改变城市的形态与运行方式(原珂，2017)。当前，新型智慧城市的建设不断深入，智慧交通、智慧医疗、智慧教育、智慧生活、智慧办公、智慧政务、智慧生产等，随着城市智慧化领域的不断拓宽和深入，新型智慧城市建设面临的风险日趋复杂、不断升级，准确识别这些风险是提升智慧城市建设水平的前提和基础(高凯等，2022)。

新型智慧城市与传统智慧城市相比，更加重视跨行业数据的融合共享、信息的互联互通、城市信息安全体系的构建等(雷珊珊等，2020)。从系统工程角度看，城市由若干要素相互联系、依存并共同作用，进而形成一个整体。新型智慧城市的建设，需要有统一的顶层设计，将政府、企业、居民、社会组织等所有参与主体凝聚起来，实现城市物质流、技术流、资金流、知识流、信息流、能量流等要素的快速流动，任何一个环节或参与主体出现问题，都会对整个城市的安全运行产生影响甚至损害(张立超、刘怡君、李娟娟,2014),顶层设计的缺失和总体规划的不足会使新型智慧城市的建设面临诸多风险。在新型智慧城市的建设与运行过程中,信息基础设施发挥着重要作用,但数量庞大的智能终端更易遭到攻击,使新型基础设施面临的风险随之增加。在新型智慧城市建设的各个领域,企业为了抢占市场,信息技术往往不具备兼容性,信息技术在兼容性和可扩展性等方面存在不足,造成信息共享和城市发展的种种障碍,而互联网的多样化接入方式又带来更多的网络威胁,这也是新型智慧城市所面临的风险之一。当前中国智慧城市的建设资金来源多以政府投入为主,融资渠道的单一化导致新型智慧城市面临建设资金方面的风险。倡导以人为本理念的新型智慧城市在公众数据开放共享、公众信息安全意识等方面仍存在诸多风险,需要加强风险管理(雷珊珊等,2020)。

　　基于此,结合前述新型智慧城市建设的影响因素,研究从治理体系、基础设施、信息技术、建设资金、数据应用五个方面对移动互联网情境下新型智慧城市建设所面临的风险进行识别。

一、治理体系方面的风险

　　从前文对新型智慧城市建设影响因素的识别可知,治理体系主要涉及顶层设计和参与主体两个方面。移动互联网情境下新型智慧城市建设在治理体系方面面临的风险主要体现在顶层设计缺失和总体规划不足带来的风险、参与主体风险意识和主体责任不强带来的风险两个方面。

(一)顶层设计缺失和总体规划不足带来的风险

　　顶层设计和总体规划方面的不足主要体现在政策、管理机制、非制度性风险等方面。

1. 顶层设计缺失导致安全保障工作难统筹

　　城市的建设与发展应是一个整体,顶层设计和总体规划的缺失会导致城市各部门之间的各自为政,无法建立统一的跨部门协调管理机制,也不利于城市与城市之间的交流与合作,导致城市发展成为孤岛。不完善的管理监督机制导致新型智慧城市安全管理的实体职责不明确,城市各部门网络安全水平差异大,从而导致安全风险。

2. 政策配套体系不完善致使忽视安全

　　新型智慧城市的建设对城市各要素的要求都比较高,单靠某一方的力量很难完成,需要统一的政策约束将社会不同力量凝聚起来。因此,相关政策配套和支撑体系的完善程度,直接影响着新型智慧城市建设的广度和深度。当前,中国新型智慧城市建设仍然存在"重硬件建设,轻安全管理"等问题,相关的政策法规配套体系仍不完善,在很大程度上限制了新型智慧城市的高质量建设与发展。

3. 政策稳定性弱影响城市可持续发展

中国新型智慧城市的建设目前主要由政府主导,许多智慧城市建设领导小组组长由市长或市主要领导来担任,领导个人的观念意识对智慧城市建设理念的确定具有非常重要的影响。同时,中国集约化的管理模式在统筹规划、部门协调、资源协调配置、执行效率等方面确实具有很大的优势,但也容易造成另一方面的问题,即负责人离开或更换对新型智慧城市可持续建设与发展造成影响。

4. 安全管理机制不健全造成管理风险

新型智慧城市的建设需要用一套完备有效的安全管理机制,为新型智慧城市提供坚实的安全防御基础。但已有研究发现,各级组织现有的安全管理机制并不健全,无论是在管理内容还是决策执行方面都存在不足(高凯等,2022),这导致中国新型智慧城市建设各参与主体之间的协调困难与互不信任,进而导致无法打破信息壁垒,难以实现数据共享,造成城市管理方面的风险。

5. 非制度性风险

新型智慧城市的建设与发展中不仅存在着政策、管理制度等制度性风险因素,还存在着城市发展水平、城市居民综合素质等非制度性风险因素。新型智慧城市的建设,最终是以人为本、为人民服务的,因此城市居民的综合素质对新型智慧城市建设成效起到决定作用,如果忽视非制度性风险将会造成对新型智慧城市建设风险的低估。

(二)参与主体风险意识和主体责任不强带来的风险

新型智慧城市建设的宗旨是以人为本的,其建设与发展也离不开各参与主体的广泛参与。如果参与主体的风险意识不强或主体责任意识不强,都会给新型智慧城市的建设与发展带来风险。

1. 参与主体信息安全意识不足带来的风险

根据前文对新型智慧城市参与主体的识别,参与主体信息安全意识不足造成的风险来自政府、企业、居民等各个方面。

（1）来自政府方面的风险

政府作为政策的制定者，需要制定系列法律、法规、政策等，以保障新型智慧城市建设的顺利进行，为风险预防提供保障。政府功能的发挥最终要由具体的工作人员来落实，政府管理工作人员对保障新型智慧城市核心信息系统和信息资源的安全负有重要责任，因此政府管理工作人员是否具有较强的信息安全意识和较高的风险管理水平，是决定风险大小的关键因素。如果管理工作人员信息安全意识薄弱，极易导致信息安全事件的发生。风险管理水平受到管理工作人员职业操守和技术水平的限制，而职业操守又受到价值观、接受教育程度、性格特质、工作环境等影响，技术水平主要受知识水平、工作经验等影响。管理工作人员的责任感不强、专业知识和工作经验不足都会给新型智慧城市建设时的信息安全管理带来风险。

（2）来自企业方面的风险

企业方面的风险既有宏观层面的，也有微观层面的。宏观层面的风险主要体现在中国企业目前整体的技术水平不够高，受制于国外企业先进技术的制约，造成安全风险；微观层面的风险主要体现在工作人员安全意识不足，风险管控能力不够高。

其一，宏观层面，中国新型智慧城市建设中所使用的核心技术、关键产品等都存在对外依存度过高的问题。尤其是在芯片、传感器、基础软件、超级计算、数据整合与挖掘、集成服务等领域，这些领域的核心技术和关键产品仍掌握在英特尔、微软、思科、IBM等国际巨头企业（陈月华等，2020）。为提升新型智慧城市的建设质量和建设成效，在诸多领域都引入了这些国际巨头企业的技术或产品。由于这些巨头企业都有一系列完善的保护自身利益的标准和规范，其产品设计往往是不兼容的，导致这些企业在服务提供和产品升级等方面的话语权过重，这其实是隐藏着很多风险的。国内不少企业在智慧城市建设所需技术上落后于国外企业，但是为了在智慧城市建设中获利，采用与国外企业合作研发或直接购买国外相关技术和产品，而不愿意花费资金和时间自主研发，企业这种安全意识的缺乏与逐利思想，导致国外企业在中国智慧城市建设中获得过多主导权，影响中国城市安全，甚至对国家安全造成威胁。

其二，微观层面，个别企业及个人的安全意识不足、主体责任感不强。新型智慧城市的建设需要众多企业的参与，尤其是互联网企业，互联网企业掌握了大量数据，如果企业或企业中具有决策权的个人一味逐利而丧失社会责任，对数据进行买卖，会造成数据泄露，对城市居民个人甚至整个社会整体的安全造成威胁。

（3）来自居民个人方面的风险

移动互联网的快速发展和智能终端设备的普及，使居民的工作和生活都越来越依赖互联网，个人信息也越来越多地存留互联网中。如果居民个人的信息安全风险意识不足，风险防范能力不高，将会导致个人信息的泄露、未授权使用，甚至遭遇网络攻击、诈骗等。

随着新型智慧城市建设的不断深入和智慧领域的不断拓展，居民个人包括购物、就医、教育、娱乐、交友、工作等几乎所有需求都可以通过互联网完成。在使用互联网的过程中，不仅居民个人所有的操作都会以数据的形式被互联网记录并保存下来，而且居民的性别、年龄、住址、家庭状况、收入水平、教育程度、工作单位、银行账号、身份证号、手机号码、医疗档案等几乎所有的个人信息也会被关联在一起，面临前所未有的泄露风险。例如，目前人们广泛使用的各种购物、工作、娱乐、就医、出行等微信小程序，几乎都要求与个人微信绑定，而微信中又会涉及人们的个人隐私信息和人际关系网络，使互联网企业可以肆无忌惮地收集居民个人信息，并通过其人际关系网络不断扩大数据搜集范围，从而获得海量数据。互联网企业因为拥有对数据的掌控权，能够在用户毫不知情的情况下对个人隐私数据进行任意收集、分析、管理和使用，大量个人隐私数据面临被泄露的风险，对居民个人和整个社会都是极大的威胁。

2. 对参与主体管理不到位带来的风险

对参与主体管理不到位主要涉及对企业及相关从业人员的管理不到位，以及对各参与主体职责界定不清，具体体现在缺乏统一的技术管理标准、对互联网企业在数据使用上的监管不到位、对企业相关从业人员的培养与监管存在不足、对不同参与主体的职责界定不清晰等，给新型智慧城市建设带来风险。

（1）缺乏统一的技术管理标准

目前，中国新型智慧城市建设正处于高峰期，各地的智慧城市建设步伐加快。尤其是刚刚过去的三年，同时赶上第五代移动互联网的高速发展，助推了医疗、教育、办公、娱乐、生活等各个领域的智慧化发展，各行各业不断引进新技术新应用。新型智慧城市建设所需的各种软件、产品层出不穷，但对于新技术新应用的管理却是滞后的，缺乏统一的技术管理标准，新技术新应用新产品之间的安全互联互通存在障碍和风险。

（2）对互联网企业在数据使用上的监管不到位

随着新型智慧城市建设的不断深入，居民个人的工作、生活等与互联网的关系越来越密切,人们的衣食住行均有互联网的深度参与。人们利用互联网开展的所有的消费行为、浏览行为、社交行为等具体数据都会在互联网上留下痕迹,互联网企业可以通过分析用户在互联网上的所有行为获得其个人隐私数据,判断其喜好、行动轨迹、社会关系网络等,进而通过网络弹窗或短信推送等形式开展精准营销。互联网企业拥有对数据的所有权和掌控权,由于企业追逐利益最大化的属性,对用户个人隐私数据进行窃取、使用、买卖、共享等违背行业准则的行为时有发生。但是目前对于约束企业该种行为的法律法规相当缺乏,造成对企业窃取数据、盗用身份、泄露隐私、伪造证据等行为往往无法可依,难以监管。同时,由于互联网的隐蔽性,以及用户安全网络安全意识的缺乏和风险防范能力的欠缺,导致用户对企业这种窃取和泄露自己信息的行为一无所知,更无从谈起运用法律手段维护个人权益。

(3)对企业相关从业人员的培养与监管存在不足

其一,新型智慧城市建设与运营中所使用的云计算、大数据、物联网等信息系统均需要由企业相关从业人员来管理,这些技术的核心往往掌握在少数技术人员手中。如果核心技术人员工作变动或离职,会给系统的后续运行或升级带来风险。其二,如果掌握核心技术的关键人员被外国公司或不怀好意的势力收买,将国内重要数据泄露或对国内信息系统进行攻击,将会对中国城市安全甚至国家安全造成威胁。其三,新型智慧城市的建设给人们带来便利的同时,也使人们对互联网的依赖越来越重,如果从业人员在操作信息系统时产生失误,对智慧城市正常运营甚至社会利益可能产生损害。其四,由于中国在信息系统和信息技术方面存在不足,中国新型智慧城市建设采用了很多国外先进技术,这不符合中国要求"所有技术服务必须都由中国提供,并由中国公司进行运营"的原则,因此在技术引进之后,后续运营必须由外国公司移交中国公司,移交过程中的人员更替可能会产生风险。其五,目前企业相关从业人员的技术水平、风险防范意识、风险防范能力等都存在明显差异,给新型智慧城市网络安全管理带来安全隐患。

(4)对不同参与主体的责任界定不清晰

新型智慧城市建设需要众多参与主体的共同协作,各参与主体的责任有时候会难以清楚界定。例如,对于用户个人隐私数据泄露问题的责任界定,互联网企业擅自获取、使用、买卖用户个人信息是需要负责的;但用户个人通过发布动态等方式主动暴露个人隐私,是否也应对自己该行为导致的信息泄露承担一定责任,对于这一问题目前并没有清楚的责任划分与界定,更没有相应的惩罚标准,致使信息泄露极容易发生。又如,服务商本应处于提供服务的地位,但却由于各方面原因,承担了过多决策或主导的角色。究其原因,当前新型智慧城市的建设存在技术主导的倾向,由于城市规划部门自身不具备相关技术或产品的研发能力,需要寻找服务商进行采购或定制。不同服务商为保证自己的利益和对技术的保护,所提供的系统的兼容性往往都较差,转换成本高,导致服务商在产品提供、服务提供、产品升级等方面均处于强势地位,对城市规划决策也会起到很重要的导向作用。而且随着服务商提供服务时间越长,城市规划与建设部门对该服务商的依赖程度越高,导致其在新型智慧城市建设中的地位"反客为主",拥有过高的主导权与决策权,城市建设被技术"绑架",给城市的建设与发展带来风险。

二、基础设施方面的风险

基础设施是新型智慧城市建设关键性和基础性的部分,如果基础设施遭到攻击,对新型智慧城市的建设影响巨大,甚至会造成毁灭性打击。随着第五代移动互联网的快速发展,基础设施不断朝智慧化方向发展,信息基础设施发展迅速,在助力新型智慧城市高速发展的同时,也隐含着诸多风险。

(一)信息基础设施存在漏洞

信息基础设施是维护新型智慧城市信息安全能力的基础,为新型智慧城市的安全运行提供保障。一方面,信息基础设施是需要不断进化不断完善的,其建设需要使用大数据、物联网、区块链等核心技术。目前这些核心技术主要由国外 IT 巨头公司掌握,中国在引进相关技术和产品的时候,国外公司可能在相关产品中留有不受控制的隐蔽信道或后门等(高凯等,2022),导致信息基础设施存在漏洞,是非常严重的安全隐患,极容易遭到黑客或敌对势力的攻击。另一方面,智能终端和网络用户数量的增加,对信息基础设施的承载能力提出越来越高的要求,数据的爆炸式增长、数据来源的多样化和数据结构的复杂化,导致信息基础设施维护困难,进而产生安全风险。

(二)信息基础设施遭受攻击概率加大

近年来,全球范围内针对信息基础设施的网络攻击事件屡屡发生,很多网络攻击已经从个体行为上升为有组织的行为,甚至是国家行为,全球范围内信息基础设施遭受攻击的概率不断加大。与此同时,随着信息技术、移动互联网、移动终端设备的不断发展,方便越来越多的用户使用手机、平板电脑、笔记本电脑等移动终端访问互联网,数据的高度集中与频繁产生,导致信息基础设施成为黑客的主要攻击目标。

(三)信息基础设施遭受攻击后影响严重

信息基础设施是城市运行的神经中枢,是新型智慧城市网络安全的重中之重(吕欣等,2021)。信息基础设施数量众多,布置范围很广,一旦发生网络攻击,极易造成城市重要系统的瘫痪、工业生产的停顿等重大事故,对经济发展和社会稳定造成的影响极大。同时,信息基础设施的分散布置,导致对于信息基础设施的维护各自为政,不同城市间管理主体的协同能力较弱,难以形成合力应对大规模的信息基础设施攻击行为。

三、信息技术方面的风险

新型智慧城市建设中会广泛用到大数据、云计算、物联网、人工智能、空间信息技术等新一代信息技术,通过众多信息技术的支持,新型智慧城市成为一个万物互联的复杂开放系统,正因如此,如果这些信息技术系统出现问题,会导致整个新型智慧城市的建设受到冲击,甚至影响到社会的稳定与经济的发展。当前,信息技术仍存在很多安全风险需要加以防范和解决,主要体现在先进信息技术由发达国家的公司掌握、信息技术的兼容性与可扩展性较弱两个方面,具体分析如下:

(一)先进信息技术由发达国家的公司掌握

当前,新型智慧城市建设所需要的很多先进信息技术仍掌握在少数发达国家公司的手中,这对欠发达国家的新型智慧城市建设是非常不利的。首先,由于要采用发达国家的先进信息技术,就必须遵守技术强势国家企业的技术规范,使欠发达国家在开展新型智慧城市建设时受制于人,不能掌握主动权。例如,新型智慧城市建设所广泛使用的云计算技术,是一项基于分布式计算的技术,云服务商出于对营运、控制等方面的自我保护,其分配云资源的规则、确保云架构和数据安全的措施等不会向用户公开,导致用户很难知道数据的存储之处,对使用云服务的安全程度也无法把握。其次,发达国家拥有先进技术的企业在对欠发达国家的智慧城市建设提供技术支持时,可能会借由其技术和信息优势,对欠发达国家的城市甚至国家安全产生威胁。例如,通过设置技术"后门",对其他国家数据和信息进行收集,或通过植入恶意程序、木马,篡改、替换原有配置,危害产品和数据的保密性、完整性和可用性等,对欠发达国家的智慧城市建设造成破坏,甚至威胁国家安全。但由于技术水平的不对等和信息技术的隐匿性,这种风险又很难被识别。

(二)信息技术的兼容性与可扩展性弱

目前,对于新型智慧城市建设所必需的云计算、大数据、物联网等信息技术尚缺乏统一的技术标准,各技术服务商为保护自身利益、占据市场和稳定用户,往往开发自家的专用产品、专用设备和专用软件等,不同商家之间的设备接口可能不同,专用开发工具不能兼容。这在帮助技术提供商稳定用户、保护自身利益的同时,增大了用户对技术服务商的依赖和转换成本。另一方面,新型智慧城市建设所需要的云计算、大数据、物联网等信息技术都是发展非常迅速的高新技术,其更新换代非常迅速,有些技术革新可能是颠覆性的,这导致很多产品或技术的可扩展性弱,跟不上新型智慧城市建设发展的需要,造成技术的滞后或浪费,增加新型智慧城市的建设成本。

四、建设资金方面的风险

新型智慧城市的建设是一个系统工程,需要大量的资金支持,单靠某一方的力量很难完成和持续,充足的建设资金投入、灵活的融资模式对新型智慧城市建设的顺利开展和高质量发展是至关重要的。建设资金方面的风险主要有建设资金投入的充足性、建设资金投入的持久性等。

(一)建设资金来源单一

新型智慧城市的建设涉及政府管理、医疗、教育、交通、科技、生产、生活等各方面,是需要耗资巨大的系统工程,充足的资金投入是新型智慧城市建设的重要保障。但由于新型智慧城市建设具有消费或使用上的非竞争性和受益上的非排他性的公共产品属性,建设资金来源仍以政府投入为主。智慧城市的建设仅依靠政府资金支持是远远不够的,需要通过市场化建设和运营的方式吸收社会资金,拓宽融资渠道、创新融资模式。

(二)建设资金需要持久性投入

新型智慧城市的建设和发展是一个长久的过程,需要建设资金的持续性投入,因此建设资金投入的稳定性和持久性是影响新型智慧城市建设质量的重要因素和风险来源。比如,中国新型智慧城市建设项目大多是在地方政府的积极推动下开展的,少数智慧城市的建设是出于追求政绩或盲目跟风,建设项目的选择和建设投入的多少受"一把手"的态度影响很大,如果领导更替,可能会导致之前领导拍板的智慧城市建设项目停滞甚至烂尾,造成新型智慧城市建设的沉没成本巨大,不仅造成资源的巨大浪费,对城市的可持续发展和高质量发展也是非常不利的。

五、数据应用方面的风险

新型智慧城市的建设过程中会产生大量的数据,数据作为一种重要的战略资源,又反过来成为新型智慧城市建设信息化升级的重要催化剂。当前,全球已经进入数据红利大规模释放的时代,数据已经成为驱动新型智慧城市建设的基础性核心资源(陈月华等,2022)。数据应用对于促进城市的发展、产业的升级、科技的创新,甚至国家综合实力的提升都是非常重要的。因此,数据的安全应用成为新型智慧城市建设过程中的重点关注点,数据安全水平成为衡量新型智慧城市安全保障能力的关键。随着新型智慧城市建设的不断深入,数据权侵害、数据误读、黑客攻击等现象时有发生(赵畅等,2018)。在新型智慧城市的建设过程中,数据的储存、传输和使用环节均存在一定的安全风险,具体体现在数据共享导致信息泄露、数据存储与传输安全问题等。

(一)数据共享导致信息泄露

由于新型智慧城市建设是一个复杂的巨型系统工程,需要多主体的共同参与和合作,数据共享是重要的推动手段,但数据共享会导致信息泄露风险,这种风险来自主客观两个方面,客观方面是由于海量数据所具有的价值,主观方面则是各种人的因素。客观方面,用户在使用智慧化手段完成工作、学习、生活、娱乐等活动时,会将个人的通信记录、家庭住址、医疗记录、消费习惯、浏览偏好、手机定位、政治参与情况、好友互动等重要信息留在互联网中,云计算、大数据等新一代信息技术给收集、筛选、处理、分析这些海量数据提供了技术支持(赵畅等,2018),赋予数据极高的价值,能够帮助企业获利,实现数字赋能。主观方面,一是掌握数据的企业通过有偿共享来获取经济利益,二是黑客的恶意攻击,都会导致信息泄露。但这种信息泄露经常是在用户本人完全不知情并很难察觉的情况下发生的,这种隐匿性导致对信息泄露的追责十分困难,促使信息泄露者变得更加胆大妄为和疯狂。近几年爆发的"委内瑞拉大规模停电事件""澳大利亚 3 万名政府雇员个人信息泄露""驱动人生供应链入侵"等安全事件都是由于信息泄露引起的,这些事故已经对城市信息安全和国家安全造成了严重的威胁(雷珊珊等,2020),但被曝光的信息泄露事件还只是现实世界中的冰山一角,信息泄露已经严重影响了新型智慧城市的建设质量。

(二)数据存储与传输安全问题

新型智慧城市建设与运营过程中会产生经济、社会、公共服务等各方面的数据,这些海量数据分布存储在云计算平台上,一旦云平台遭到攻击将导致严重后果。在数据存储方面,当前很多云平台都是由发达国家建设和运维的。将数据存储在非本国云平台上,就会丧失对数据的控制和监管,造成本国数据被泄露、篡改、监听等风险。如果数据被篡改,可能对城市建设和运营造成严重影响或破坏。在数据传输方面,多方联动会增加数据在传输过程中的被泄露、被篡改和被监听风险。同时,目前对于数据传输相关技术的保密性、完整性、抗抵赖性、可认证性等都还不成熟,使数据传输面临较大风险,尤其是跨境传输数据面临的风险更大。

综上所述,移动互联网情境下的新型智慧城市建设在治理体系、基础设施、信息技术、建设资金、数据应用等方面均存在一定的风险,具体表现见表5.1。

表5.1   移动互联网情境下新型智慧城市建设的风险识别

风险划分	风险来源	具体表现
治理体系方面的风险	顶层设计缺失和总体规划不足带来的风险	①顶层设计缺失导致安全保障工作难统筹;②政策配套体系不完善致使忽视安全;③政策稳定性弱影响城市可持续发展;④安全管理机制不健全造成管理风险;⑤非制度性风险
	参与主体风险意识和主体责任不强带来的风险	①参与主体信息安全意识不足带来的风险;②对参与主体管理不到位带来的风险
基础设施方面的风险	信息基础设施存在漏洞	①信息基础设施中存在不受控制的隐蔽信道或"后门";②信息基础设施的承载能力受限
	信息基础设施遭受攻击概率加大	移动互联网的快速发展与移动终端的广泛使用,使数据高度集中并频繁产生,导致信息基础设施成为黑客的主要攻击目标
	信息基础设施遭受攻击后影响严重	①信息基础设施是城市运行的神经中枢;②信息基础设施分散布置,不同城市间管理主体的协同能力较弱,难以形成合力应对大规模的信息基础设施攻击行为
技术支持方面的风险	先进信息技术由发达国家的公司掌握	先进信息技术仍掌握在少数发达国家公司的手中,欠发达国家在开展新型智慧城市建设时受制于人,不能掌握主动权
	信息技术的兼容性与可扩展性弱	信息技术的兼容性与可扩展性弱,造成技术的滞后或浪费,增加新型智慧城市的建设成本

续上表

风险划分	风险来源	具体表现
经济要素方面的风险	建设资金来源单一	建设资金来源仍以政府投入为主
	建设资金需要持久投入	领导更替造成沉没成本增加,资金投入受领导者决策影响大
数据应用方面的风险	数据共享导致信息泄露	①客观方面是由于海量数据所具有的价值;②主观方面则是各种人的因素,一是掌握数据的企业通过有偿共享来获取经济利益,二是黑客的恶意攻击
	数据存储与传输安全问题	①数据存储在非本国云平台上;②多方联动增加数据在传输过程中的被泄露、被篡改和被监听风险;③数据传输相关技术的保密性、完整性、抗抵赖性、可认证性等都还不成熟

（资料来源：笔者整理。）

第二节　新型智慧城市建设的风险预防与应对

　　新型智慧城市建设是一项综合性的复杂系统工程,其建设需要分步骤、分阶段地逐步推进,其所面临的治理体系、基础设施、信息技术、建设资金、数据应用等各方面的风险也需要政府部门、市场部门、社会组织、城市居民等全社会的广泛参与和共同面对。具体来讲,需要从顶层统一部署新型智慧城市建设工作、加强对各参与主体的管理、充分发挥新型基础设施的作用、提高信息技术的兼容性与可扩展性、拓宽融资渠道、加强数据保护等方面开展新型智慧城市建设的风险预防与应对。

一、从顶层设计入手,部署新型智慧城市建设工作

　　要实现新型智慧城市的高质量发展,对新型智慧城市建设中的风险进行高效预防和应对,就要树立全局理念,通过构建统一指挥、多方联动、责任清晰、动态监测、快速响应、制度健全的新型智慧城市安全保障体系,打造安全管理能力、持续优化能力和快速恢复能力都较强的新型智慧城市。

　　（一）整体规划实现多方联动

　　由前文中对风险因素的识别与度量可知,随着新型智慧城市建设的高速发展,

网络安全问题日益凸显,诸如个人信息泄露、关键信息基础设施遭受攻击、数据窃取等事件屡屡发生。而且随着新型智慧城市建设的深入,城市的网络空间与实体空间相互交融、相互映射,网络与现实的边界越来越模糊,导致网络安全事件的发生对现实世界的冲击越来越大。采用局部整改或事后补救的被动式风险防控策略已经不能满足新型智慧城市发展的需要,需要从全局角度开展新型智慧城市风险防范与应对的整体规划与顶层设计。从顶层设计出发,自上而下进行新型智慧城市的整体规划,有利于对各方资源的统筹协调,在避免资源浪费和分配不均的同时,能够最大化规避冲突和风险。

整体规划能够从全局的角度对新型智慧城市建设所涉及的所有相关利益主体的责任进行更加清晰的界定,帮助各主体认识到自己在新型智慧城市建设中需要承担的责任、需要完成的工作以及能够从中获得的利益,这有助于各主体之间的相互协作和相互信任,避免由于信息不对称等所造成的冲突,从而避免不正当竞争、资源重复配置、建设成本增加等风险。

(二)构建新型智慧城市安全风险评估与监测综合体系

安全风险评估与监测综合体系的构建,是新型智慧城市建设的重要保障。通过对新型智慧城市风险分析、指标设计、评估模型设计、动态监测体系设计等,构建新型智慧城市安全风险评估与监测综合体系。根据城市风险演化的特征,构建新型智慧城市风险的识别、评估、监测、预警机制,以及分类分级的应对机制,对风险预防与应对实施统一领导、综合协调、分类管理、分级负责,实现对各类风险隐患的早识别、早预警、早发现和早处置。

时间维度上,在建设前期,对即将开展的新型智慧城市建设项目进行全方位的风险识别与评估,做好事前的预防;在项目建设期间,做好跟踪评估,将风险降到最低,做好事中的控制;在项目建设后期和运维阶段,做好项目建设成效评估,做好事后的溯源与恢复。在新型智慧城市建设项目的全生命周期都持续做好风险的评估、度量与应对,最大化降低不良风险发生的概率,最大化降低不良风险发生后的不良影响。空间维度上,构建新型智慧城市安全联防联控机制,围绕新型智慧城市风险监测、信息通报、协同应对、应急处置等制定长效工作机制,不断提升新型智慧城市各参与主体的风险管理能力,通过制定安全联防联控整体方案,实现对新型智慧城市安全风险的整体性预防与应对。

(三)构建完善的信息公开与回应机制

城市居民的广泛参与对降低新型智慧城市建设风险和提升建设质量都是至关重要的,而且随着新型智慧城市建设的深入,以及城市居民素质的提升,城市居民对城市安全的需求日益增长,对城市信息公开的要求日益提高。构建完善的信息公开与回应机制,是充分发挥城市居民在新型智慧城市风险预防与应对中作用的重要途径。

在新型智慧城市安全信息公开方面,可通过官方网站公告、新闻发布会、官方微博发布等多种形式,定期披露在新型智慧城市建设与运维过程中存在的安全隐患,或在重大安全事件发生时,及时迅速地向公众说明情况,以免产生舆情,破坏社会稳定。这种定期与不定期的信息公开,不仅能够让城市居民对新型智慧城市的建设及风险情况保持动态认知,在风险发生或可能发生时迅速做出反应;而且能够督促相关部门保持对风险的警惕,接受城市居民的监督,不断提高风险管理能力。同时,还可以将风险分类及其风险防范措施、风险应对策略等进行公布,以帮助城市居民提高风险防范与应对能力。在回应机制构建方面,新型智慧城市建设各相关部门都要建立与城市居民互动的渠道,对居民提出的问题及时解答。如果是需要部门做出整改的,要及时整改,并将整改情况向公众公布,避免恐慌情绪的产生和蔓延。

(四)健全新型智慧城市安全法律法规制度

健全的安全法律法规制度体系是新型智慧城市建设的重要保障,通过制定法律法规制度等,对新型智慧城市建设各环节中的工作进行规范,加强对大数据、云计算、物联网、人工智能等技术的信息安全监管,使新型智慧城市建设中涉及的数据收集、存储、使用等各个环节有法可依、有法必依。健全的法律法规制度体系,是保护公民隐私的重要工具,为新型智慧城市建设中的风险评估、应急管理、灾后恢复等提供重要的参考依据,为新型智慧城市的建设与运维保驾护航。

法律法规制度的制定本质上是对有限资源的权威性分配,能够对投资行为产生极强的引导作用,有助于新型智慧城市建设项目获得充分的资源,降低风险。同时,法律法规制度体系中会对新型智慧城市各参与主体的权责进行明确界定,这有助于推动各参与主体的分工协作和积极参与,共同应对新型智慧城市建设与运营过程中产生的各种风险。

二、加强对各参与主体的管理以降低其所带来的风险

新型智慧城市建设的推进,促使人们越来越多的活动通过互联网实现,在使用

过程中，由于技术本身的漏洞、不良商家的恶意泄露、黑客的攻击、用户个人安全意识不足、网络隐匿性等多方面原因，导致信息泄露现象频频发生，产生的危害从网络世界传递到实体世界，对人们的生产生活和城市的健康发展产生诸多不良影响。因此，要积极开展信息安全教育培训，加强对各参与主体的管理，提高其信息安全意识和信息安全问题的解决能力，构建多主体协同治理机制，以最大化降低新型智慧城市建设风险。

新型智慧城市建设需要由多方主体共同参与，包括政府部门管理人员、企业技术人员以及城市居民等，各主体的风险防范意识与风险处理能力，对于新型智慧城市建设风险的预防与应对都是非常重要的。本部分主要从对管理人员、技术人员、城市居民三个角度，阐述培训的重要性和方法。

（一）加强对管理人员的培训

管理人员在新型智慧城市建设项目的选择与推进方面拥有较多的决策权和主导权，需要通过培训增强管理人员的决策能力。通过构建规范的领导小组运行机制，优化群体决策，以提高决策的水平和质量，降低新型智慧城市建设的社会风险。

（二）加强对技术人员的培训

对技术人员的培训需要从两个方面开展：一是技能方面，二是素养方面。由前文分析可知，企业技术人员风险防范应对能力的高低、是否具有良好的职业操守，是造成信息泄露的关键风险因素。技能方面，可以通过知识讲座、在职学习、脱产培训等多种方式为企业技术人员充电，以提升其专业知识水平和风险处理能力。素养方面，可以通过知识培训、案例研讨、角色扮演等方式，帮助企业技术人员认识到遵守职业品德和职业纪律的重要性，以降低其以身试法的风险。

（三）加强对城市居民的培训

由于城市居民的分散性，很难对其开展集中培训，但可以通过公益广告、社区微信群、社区展示牌等途径，向城市居民宣传信息安全知识，教给公众一些保护个人信息的方法，例如定期修改银行卡、各种 App 的登录密码，如何提高密码安全等级，不要多系统使用相同密码等，帮助公众加强对自身信息的保护，做好自身信息安全的"第一责任人"。对一些常见的容易引起信息泄露的行为，例如下载注册 App、链接公共场所 Wi-Fi、运营商要求"绑定""授权""扫码"等行为，通过案例、故事等喜闻乐见的方式向公众普及，更能引起人们的重视，产生更好的宣传效果，帮助城市居民提高信息安全意识和风险防范能力。同时,加强对公众的道德准则教育,帮助公众提高风险警惕意识和维权意识,鼓励公众发现网络违法行为时及时举报,充分发挥其社会监督作用。

三、充分发挥新型基础设施在新型智慧城市建设中的作用

5G、大数据中心、人工智能、工业互联网等新型基础设施建设,以新发展为理念,以技术创新为驱动,以信息网络为基础,对提供数字转型、智能升级、融合创新,促进新型智慧城市高质量发展起到非常重要的推动作用。随着移动互联网的普及,新基建催生了很多新业态,促使很多传统服务业和制造业完成在线转型,迸发新的活力。充分并恰当地发挥新型基础设施的作用,对降低新型智慧城市建设风险,促进城市高质量发展,具有非常重要的意义。

（一）加强关键信息基础设施的安全管理

以 5G、物联网、工业互联网、卫星互联网为代表的通信网络基础设施,以人工智能、云计算、区块链等为代表的新技术基础设施,以数据中心、智能计算中心为代表的算力基础设施等,都是新型智慧城市建设的关键信息基础设施。这些信息基础设施都处于高速发展状态,并非毫无漏洞和瑕疵的,加强对关键信息基础设施的安全管理,对新型智慧城市的风险预防与应对至关重要。因此,应加强对关键信息基础设施的安全管理。例如,通过核心设备自主可控,提高移动互联网 App 覆盖率、虚拟化资源池稳定性等措施,为公众提供高质量的信息服务。

（二）构建新型基础设施安全保障体系

针对新型基础设施构建全局、协同的安全保障体系,对城市数据中心、数据大脑、云平台等基础设施进行重点保护,不断提高新型智慧城市关键信息基础设施的安全防护能力,包括预警通报、应急响应、灾后恢复等能力,对保障新型基础设施的可用性和实时性,以及数据的安全性与完整性,提升城市治理水平和公共服务水平,提高城市居民的幸福感和满意度,具有重要作用。

四、提高信息技术的自主性、兼容性与可扩展性

新型智慧城市的建设和推进,需要通过新一代信息技术的创新应用来驱动。但目前新型智慧城市建设所应用的信息技术,主要掌握在发达国家的企业手中,这给欠发达国家进行智慧城市建设带来潜在风险。因此,各国应加大对新一代信息技术

的研发投入，积极实现信息技术的自主研发。同时，不断打破技术壁垒，提高信息技术的兼容性与可扩展性，以减少资源浪费，降低建设成本。

（一）提高自主研发信息技术的能力

信息技术掌握在自己手中，对于保障城市居民信息安全和城市安全都是非常重要的，因此，要加大对信息技术自主研发的投入力度。汇聚政企研学等各方力量，形成技术研发团队，加强5G、大数据、物联网、人工智能、工业互联网、卫星互联网等重点领域的技术研发，在系统防护技术、网络加密技术、信息传递技术、数据存储技术等各技术领域联合攻关，共同攻坚克难，以解决新型智慧城市建设中存在的信息安全风险问题，加强新型智慧城市网络安全保障。同时，构建新技术安全风险预判和风险评估机制，对新技术加强上线前的测试和上线后的检查，积极防范和应对新兴技术的安全风险。

（二）提高信息技术的兼容性与可扩展性

提高信息技术的兼容性与可扩展性，有助于实现资源共享，提高新型智慧城市高效率治理和高质量发展，降低新型智慧城市建设成本。新型智慧城市建设的关键是要通过5G、大数据、物联网、人工智能、云计算等新一代信息技术，不断提高城市的智慧化水平、人文发展水平等。各部门、各企业所采用技术的兼容性会直接影响到信息共享的便利性与可能性，如果信息技术之间的壁垒能够被打破，将极大地利于数据和信息的共享，为共享共治提供可能，这对提升城市治理各项决策的科学性是有益的。另一方面，新一代信息技术的发展速度是非常快的，新型智慧城市的发展需求也随时在变化，作为基础的信息技术要保持动态更新，其可扩展性是非常重要的。因此，技术研发者在信息技术研发设计时，要关注信息技术的兼容性与可扩展性。

五、拓宽融资模式和渠道

新型智慧城市建设要获取充足的建设资金，保证建设资金的充足性和持久性投入，创新投融资模式、拓宽融资渠道，是有效的化解建设资金风险的途径。

（一）创新融资模式

移动互联网情境下，新型智慧城市的建设要注重创新投融资模式，通过多种方式引入社会优质资本，统筹利用现有资金渠道，建立多渠道投入的资金保障机制。把新型智慧城市建设交给市场，政府角色从主导转向指导和监督，从单个行业系统向统筹集成转化、从政府采购向 PPP+基金的模式发展、从重建设到重运营,向跨界融合发展转型。

为吸引企业和社会资源投资建设新型智慧城市,需要制定合理的可盈利商业模式,打造合作共赢的良性商业生态圈。在确定新型智慧城市建设项目运营模式时,以项目类型、属性为根据,选择与实际情况符合程度最高的模式。例如,针对公共性的非营利性项目,可采取"政府主导"的思路。政府应建立有效的运营机制,出台相关政策法规,最大程度促进新型智慧城市建设项目的融合共享。同时,应适当引入民间资本,充分利用企业先进的技术优势,使企业运营管理能力与商业运作能力也能得到全面发挥。充分发挥 BT、BLT、BOT、PPP 模式的重要作用,在云计算中心、工业互联网和物联网感知设备等基础设施的建设中,最大程度提升建设运营管理的效率与质量,进一步为新型智慧城市建设和运营的安全性提供保障。针对商业类的盈利性项目,可采取"企业主体运营、政府监督管理"的思路。针对混合类项目,则可采取"政府、企业共同投资运营"的思路,加强各方合作,根据公民需求全面做好项目事前、事中、事后的服务管理。

(二)拓宽融资渠道

新型智慧城市建设需要大量的资金投入,在保证政府资金投入的前提下,注重拓宽融资渠道,充分利用社会资金,并做好资金的使用和管理。

首先,充足的财政资金投入做保障。在信息基础设施建设、物联网建设、数据共享平台建设、人才培养、先进信息技术产业等方面加大政府财政投入,作为新型智慧城市建设的保障,规避不必要的社会风险。

其次,注重拓宽融资渠道,吸引社会资金。通过构建合理的利益共享机制,让众多利益相关者,尤其是建设企业,能够从新型智慧城市的建设与发展中获利,提高其参与建设的积极性和主动性,发掘其创新潜力,为新型智慧城市的建设注入活力。

再次,设立新型智慧城市建设专项基金,加强资金保障。设立领导机构统筹管理资金的来源与去向,将每一笔资金用实用好,从而为新型智慧城市的建设与运营提供支撑,多渠道破解新型智慧城市建设资金方面的风险。

六、加强数据保护

随着数字经济的飞速发展,数据驱动的业务创新已经成为企业发展的关键动力。数据作为关键的生产要素,在激发经济社会发展新动能方面也具有非常重要的作用,但数据的泄露、被篡改等会对新型智慧城市建设造成严重破坏。因此,应采取构建网络信用体系、加大监督审查、数据分类分级管理、重视数据共享中的安全管理等措施,加强对数据的保护。

(一)构建网络信用体系

由于互联网具有匿名性,用户如果利用互联网窃取数据、侵犯他人隐私、传播虚假消息等,通常不易被察觉。因此,在新型智慧城市建设与运维过程中,为防止匿名用户恶意窃取他人数据、散布谣言等,应实行网络实名制认证机制,构建网络信用体系,以减少数据安全隐患。例如,根据访问数据主体的信用程度、信息完善程度等对其进行安全等级划分,对不同安全等级的用户赋予不同的数据访问权限,以将重要的、核心的、敏感的数据进行安全隔离。同时,从身份管理、数据授权、数据加密与备份等方面出发构建安全防范体系,运用身份认证技术对用户身份的真实性与合法性进行验证,以确定其访问数据的权限,保障新型智慧城市的数据安全。

(二)加大监督审查力度

随着移动互联网的不断发展和广泛使用,用户个人隐私数据大量在互联网汇聚,任何掌握这些数据的企业都可以在用户毫不知情的情况下使用这些数据。政府部门应加大监督审查力度,进一步完善相关法律法规,对互联网信息服务提供商的责任与义务进行清晰界定,对隐私窃取和恶意使用等行为严令禁止,并制定严格的惩罚措施,以保护公民个人权益、国家安全和社会稳定。通过监督审查,筑牢数据安全防线,促进数据的高质量管理和高价值转化,助力数字经济高质量可持续发展。

(三)采用数据分类分级管理

新型智慧城市建设与运维过程中,会产生各种各样的数据,这些数据的重要性、核心性、敏感性是不同的,数据安全保护要求也不同。因此,对数据进行分类分级管理,采取不同的安全风险防范措施,是提高数据管理效率、降低数据管理成本的有效举措。

对数据分类分级管理要做到如下几点:

一是构建组织保障体系,数据分类分级管理是一个长久动态的过程,需要大量的人力完成,组织保障是首要的,通过构建数据分类分级管理组织架构,明确各部门各人员职责,为数据分级分类管理提供最基本的人力资源保障;

二是对数据资源进行分类分级梳理,对各类数据资源进行划分,列出数据资源

清单,以便为数据的分类分级管理提供依据;

三是明确分类分级管理方法,各行各业都应根据自身行业数据特点,明确分类分级的原则和方法,制定具体的策略;

四是对数据进行分类,分类是分级的前提,根据数据资源清单和分类规则与方法,对数据进行分类;

五是对已经分类的数据分别进行定级,依据分级规则与方法,对各类数据进行定级,以便进行后续管理;

六是形成数据分类分级目录,分级前面已经分类分级完成的数据,列示出具体的数据目录,以及分类分级示例,以便开展数据分类分级管理;

七是制定分类分级数据安全策略,根据数据的不同分类分级,结合数据重要性、核心性、敏感性等特点,制定不同的数据安全策略。

(四)加强数据安全存储与传输

数据在存储和传输过程中,极易发生被泄露、被篡改、被监听等风险,加强数据安全存储与传输是实现数据保护的关键环节,对防范数据风险至关重要。在数据存储方面,数据本地化存储和数据安全评估是提高数据安全性的两种重要途径数据。本地化存储是指主权国家通过法律规定或规则限制数据必须存储在主权国家境内的服务器上,限制本国数据向境外流动,以此达到保护公民个人信息安全和国家安全的目的。

安全评估是定期对数据分类分级管理系统的技术水平、安全系数、安全管理措施等进行定期评估,以评促建,以不断提高城市数据管理系统的数据安全治理能力。在数据传输方面,尤其要加强对数据跨境传输的监管,通过禁止数据离境、评估数据传输安全、数据离境征税等多种方式,减少数据的跨境传输及其带来的安全隐患。例如,禁止科学、技术、工业、经济等重要领域的数据向境外传输;禁止政府公共数据、公民个人数据、商业数据向境外传输;对政府公共数据、公民个人数据、商业数据等实施分类分级管理,确需向境外传输的,必须设置明确的数据使用期限,期限结束后删除数据副本。

(五)重视数据共享中的安全管理

数据开放共享共用能够帮助企业更高效利用数据赋能业务,实现数据价值的转化。但数据开放共享过程中,需要加强对数据的安全管理,具体可通过如下几个途径实现。首先，明确数据共享各利益主体的数据管理职责、数据安全监管范围以及数据安全管理监督措施等，各主体建立专门负责数据共享工作的部门，开展数据的脱敏、共享、使用、监督、审计等安全管理工作，并对数据使用人员开展数据安全管理培训；其次，通过设定奖惩措施，确保共享数据的真实性、有效性、可用性，明确数据控制权；再次，对共享数据进行数据脱敏处理，确保数据在共享过程中不会存在信息泄露风险，保证数据共享过程的合法合规性。

第六章

移动互联网情境下新型智慧城市的精准治理之策

城市治理是国家治理体系中的重要内容,是城市现代化建设的关键保障。新型智慧城市是推动城市可持续发展的新动能,将有利于推进城市治理体系与治理能力的进一步现代化。根据前文对移动互联网情境下新型智慧城市建设现状、影响因素、风险识别等的分析,发现加快建设新型智慧城市,全面提升城市治理能力与创新能力是当今城市发展的主要特征和趋势之一,是推进城市转型升级,实现高质量发展的前沿理念和探索实践。依托移动互联网实现城市精准治理是新型智慧城市治理的核心内容,如何充分利用信息技术优势,创新城市运行模式,提升城市治理智慧化水平,已成为城市发展思路和管理理念的重要转变。本章将分析新型智慧城市建设的系统思维逻辑,运用系统工程方法,从治理体系、基础设施、技术支持、经济要素、数据应用等方面,提出提高新型智慧城市建设水平,实现城市精准治理和生态治理之策,推动城市高质量发展。

● 第一节 新型智慧城市建设的系统思维逻辑

系统方法是现代科学思维的基本方法,以系统理论为基础,将研究对象作为动态整体加以研究。钱学森院士于 1985 年提出要将城市作为一个整体来研究,并提出城市是一个复杂巨系统,要用系统科学的方法对城市进行研究(房毓菲、单志广,2017)。根据系统工程理论,构建系统首先要规划一个开放、弹性、可扩充的总体框架,然后对框架不断进行细化、修改和调整,依据系统工程理论能够为新型智慧城市建设提供参考思路。

新型智慧城市是以为民服务全程全时、城市治理高效有序、数据开放共融共享、经济发展绿色开源、网络空间安全清朗为主要目标,通过体系规划、信息主导、改革创新,推进新一代信息技术与城市现代化深度融合,迭代演进,实现国家与城市协调发展的新生态的三维新型城市(滕吉文等,2019)。

在移动互联网时代,新型智慧城市与外部环境随时产生物质流、信息流、资金流、人才流的交换,且对人类生活产生巨大影响,新型智慧城市本身不是子系统的单纯组合而是一个协调发展的整体,其中子系统数量繁多、联系紧密且层次复杂,因此新型智慧城市也具备复杂巨系统的特征,是互联网信息化、智能化、大数据系统工程的集合系统(滕吉文等,2019),也是一个复杂的巨型开放系统工程,具备开放性、动态性、复杂性、整体性、自组织性等特点。

1. 开放性

新型智慧城市的建设,并不是一个封闭的系统,而是处于开放状态,与周围环境保持人员、信息、物质等各方面的交换,处于不断新陈代谢状态。

2. 动态性

新型智慧城市建设的目的是为公众提供更加智慧化和便捷的服务,需要在促进经济持续发展、社会文化进步、科学技术创新、生态环境保护、人居环境改善、治安消防保障等方面不断取得进步,因此新型智慧城市建设是一个动态变化的过程。同时,新型智慧城市的建设没有一个明确的终极状态,而是需要不断改进与优化,是持续创新与突破的动态过程。

3. 复杂性

新型智慧城市建设是一个复杂的开放巨型系统,涉及政府治理、社会民生、医疗卫生、科教文化、交通运输、环境生态等诸多领域,受自然、社会、经济、文化、政治等诸多因素的影响,需要政府、企业、科研院所、社会组织、社会公众等众多相关利益主体的参与,具有高度的复杂性。

4. 整体性

新型智慧城市建设的复杂性决定其建设过程需要划分为众多子系统,但是各子系统之间并不是割裂的,而是密切联系的。新型智慧城市建设的各个子系统相互协同,具有整体性,以经济持续发展、科教文化发达、信息技术先进、人民生活幸福为共同目标。

5. 自组织性

新型智慧城市的建设应该具有自组织演化规律,在新型智慧城市建设过程中,肯定会遇到原规划中未考虑的因素或问题,自组织性和自我学习能力能够提高城市的适应性和生命力。

综上所述,新型智慧城市建设必须遵循系统思维,从城市发展的全局视角出发,对城市的各个层次、各个系统进行统筹设计,将人的智慧与现有城市建设相结合,对城市的发展进行规划、组织和实施,使城市更智慧,实现新型智慧城市发展的总体目标。

● 第二节　统一的顶层设计与参与式治理

如前所述，新型智慧城市是典型的开放性复杂巨系统，其顶层设计应运用系统思维方法，运用系统工程理论和方法，构建开放的体系构架。通过统一的顶层设计和多方参与式治理，指导各类新型智慧城市的建设和发展。

一、运用系统思维方法开展顶层设计

(一)顶层设计的系统思维

新型智慧城市的顶层设计是指在开展新型智慧城市建设工作之前，由相关主体明确建设的重点内容和逻辑关系、建设主体之间的协同关系、各项工作的标准等，以帮助各级组织有序、独立地开展各项具体建设工作，是一项基于城市总体发展战略的控制性规划(陈德权等，2017)。顶层设计主张运用系统思维和方法，从城市发展的全局角度出发，对城市各个层次、各个要素进行系统化的统筹与设计，以有效配置资源，实现城市结构的优化、城市功能的协调，以及城市资源的整合(何军，2013)。

根据系统工程理论，城市不仅是一个系统，更是一个由多个相对独立的子系统集合而成的"系统的系统"，是一个复杂的开放巨系统。要解决新型智慧城市建设所面临的复杂巨系统问题，应运用系统工程综合集成方法论来指导、规划、设计、建造新型智慧城市，实现系统应用和功能。在建设路径上，要使用定性与定量相结合的综合集成方法，注重城市系统的开放性与复杂性，从整体角度动态地处理建设过程中遇到的各种问题。在建设方法上，采用分布式治理体系，通过跨层级、跨系统、跨部门、跨地域、跨领域的统筹与协调，促进城市各子系统的协调运作与螺旋式上升。在建设主体上，要充分发挥政府、企业、科研院所、社会公众等多主体的作用。

随着信息技术的迅速发展，企业和社会公众都已经习惯了信息技术带来的便利，生产和生活方式都在被重塑，致使人们的需求日益多样化，因此新型智慧城市建设必须在数据开放、信息安全、智慧产业等方面不断加强，对新一代信息技术支持下的城市运转模式和规律开展深入研究，明确城市发展目标和路径规划，实现生理智

能、社会智能和人工智能的整体谐生智能（夏昊翔、王众托，2017）。

随着互联网的不断发展，人们已经从互联网信息接收者变成了发布者，未来信息和数据的制造权和所有权都将归属于个人。新型智慧城市建设必须积极探索以人为本、效果导向、数据共享、多元参与的发展模式。首先，以人为本是新型智慧城市建设的立足点，只有真正关注民生，才能推进新型智慧城市高质量发展。充分考虑公众需求并以人们的切身需要为导向，设计和建设智慧城市子系统。根据不同城市的实际情况，深入调研与百姓密切相关的民生问题，将百姓需求作为城市建设的出发点，打造有温度的新型智慧城市，而不是只顾展示形象和政绩的面子工程，才能够保证新型智慧城市的长远稳定发展。其次，效果导向是新型智慧城市建设的检验点，新型智慧城市建设要以解决实际问题为根本目标，不断创新和拓展应用场景，围绕教育、医疗、就业、养老、公共安全、应急保障、特殊群体关爱等民生领域的重难点问题，提供智慧化解决方案。再次，数据共享是新型智慧城市建设的支撑点。随着大数据时代的到来，数据已经成为新的生产要素，如何运用智能化的手段，对数据进行处理和分析，从而提取有价值的信息，帮助政府提高科学决策能力和精准治理能力，利用数据来解决现实问题，已经成为新型智慧城市建设过程中必须面对的一项重要课题。最后，多元参与是新型智慧城市建设的发力点。坚持政府引导、企业主体、全社会参与的多元共治模式，是新型智慧城市建设取得成功的重要保障。

（二）顶层设计的系统方法

新型智慧城市建设要以资源禀赋为基础，根据各城市的发展历程、发展能力，定位城市发展功能，采取不同的发展策略，制定不同的城市发展规划。但无论是何种规划和发展策略，都要注重完善制度和标准，可以通过搭建基础信息平台，实现信息的共享共用，利用信息技术提取数据价值，依托新型基础设施，促进多元主体协同，推进城市向精细化、智能化发展。

1. 重视顶层规划

新型智慧城市建设能否取得成功很大程度上取决于顶层设计与规划是否合理。目前新型智慧城市建设仍处在探索阶段，更加需要重视顶层设计和整体规划，以降低建设失败的风险。各地应在国家相关政策的引导下，树立以人为本的发展理念，充分考虑自身发展现状、问题、目标、需求和特色，结合城市自身历史、资源、文化等特点，在调研本地企业、公众等主体的诉求的基础上，明确城市建设目标、方案、任务、保障措施等,做到一城一策,因城而异。

2. 强化组织协调

新型智慧城市建设是一个宏大的社会系统工程,在不断创新与实践的过程中,需要不同主体的沟通协调和不同维度数据的共享共用。各地应强化组织协调机制,建立由政府统一领导,企事业单位、社会大众等主体协同推进的工作机制。由政府成立跨部门、跨行业、跨区域的专业协同机构,依据城市运营管理中心统一运维、调配大数据资源,加强城市运营管理中心和顶层设计、运营战略的结合,统筹协调日常业务工作。同时设置相应的工作小组负责应急、交通、公安、物流、教育等业务,明确各小组接口岗位、职责和任务,强化各部门联动机制、合作机制,使得各方发挥优势并分工协作。

3. 转变政府角色

在建设机制上,转变政府角色,以社会和企业为建设和运营主体,建设城市生态圈。合理、高效的治理组织体系是建设新型智慧城市的基础保障,应该首先完善顶层设计,并且由主要领导(政府)负责统筹规划。在新型智慧城市建设过程中,大数据技术不断更迭,在技术与城市发展的不断融合中,城市运营主体由早期的政府转变为社会和企业,政府的角色逐步调整为通过政策法规和市场监管进行引导和监督,政府在公共服务、基础设施和资金供给等方面的支持能够缓解市场压力,推动城市建设。城市生态圈建设中,各类参与企业通过广泛的合作,经由数据的空间组合,推动城市大数据的系统建设,在促进市场良性发展的同时实现共赢。

4. 完善标准体系

在移动互联网和大数据时代,新型智慧城市建设的顶层设计要更加重视数据的整合、流通、开放、共享和深度利用,因此需要构建统一的数据标准,以打破部门壁垒、技术障碍和信息孤岛。因此,新型智慧城市建设应完善标准体系,统一规划整体架构,统一数据技术标准,完善5G等新技术接入标准和运营标准,建立公共性标准数据库,促进平台共享开放,数据交相融合。在制定新型智慧城市标准和相关政策制度的过程中,可以邀请专家参与,确保政策制度的制定能够更好地满足新型智慧城市的建设需求,提高法律法规及相关制度的执行力与执行效果。

5. 突出应用示范

新型智慧城市建设应重点突破,突出应用示范。通过汲取各国智慧城市建设成功经验,学习典型示范场景应用的做法,加强5G、人工智能、区块链等新技术在重点行业的融合应用,鼓励技术、应用、服务模式创新,进而推出具有自身特色的智慧项目,并通过示范项目带动医疗、环保、交通、消防等领域的应用推广,促进传统产业智慧化和新型产业链协同发展。

二、多方参与式治理

移动互联网情境下,新型智慧城市建设要更加注重以人为本,将政府主导的城市管理模式转向"政府-市场-公众"协同治理模式,突出社区治理,不断提升惠民服务品质。通过构建多主体协同治理机制和多方参与式治理模式,实现新型智慧城市的精准治理和协同治理。

(一)构建多主体协同治理机制

新型智慧城市建设是一项复杂的系统工程,需要构建政府部门、市场主体、第三方机构、城市居民等多主体协同治理机制,并通过法律法规制度等明确各主体的权责义务,以构建主体责任清晰的城市安全决策、安全管理、安全执行、安全支撑相配合的新型智慧城市风险防范和应对体系。

1. 充分发挥政府部门的作用

政府部门是社会管理、市场监管、公共服务的主要提供者,在新型智慧城市协同治理体系当中,要充分发挥政府部门的引导和监管作用。在风险预防与应对方面,将原有单一的事后监管转变为事前预防、事中控制、事后恢复的全过程全方位监管。

2. 充分发挥市场主体的作用

企业等市场主体作为新型智慧城市建设项目的主要实施者和获利者,应当主动承担保护公民隐私、守护城市安全的责任。为防范个别企业因追求经济利益而出现违法违规行为,应通过制定行业准则等措施,提高行业自律,以降低或避免企业失范行为。

3. 充分发挥社会组织的作用

社区等第三方机构对于监督政府部门、市场主体等的行为具有非常重要的作用,同时对于提高城市居民的风险防范意识和风险防范能力发挥举足轻重的作用。

首先,按照新型智慧城市治理扁平化要求,在城市公务员编制设置中,增加基层街道、社区的编制数量,壮大基层公务人员队伍,并加强对基层公务人员的培训,最大化发挥其在新型智慧城市精准治理中的作用。其次，赋予街道、社区更多调用城市行政资源的权限，当发现问题时能够及时调用资源加以解决，对城市居民的诉求也能够及时回应，发挥其"神经末梢"的价值，提高城市精准治理能力。再次，依托移动互联网，将街道和社区的程序化日常工作模板化，实现线上办公，不仅能够提高工作效率，而且利于城市居民参与新型智慧城市的建设和治理活动。

4. 充分发挥城市居民的作用

城市居民作为新型智慧城市建设的最终受益人和最小单位，相当于城市细胞，其风险防范和应对能力是新型智慧城市风险防范和应对能力的具体体现。

5. 多主体协同治理机制的构建

在新型智慧城市建设全过程中，应加强政府部门、市场主体、社区等第三方机构、城市居民等多主体的协同合作，紧抓核心问题，加强全局、全域、全链的统筹谋划，广泛调动各方面资源，构建多主体有效协商的网络平台和实体平台，以帮助各参与主体通过沟通、谈判等方式达成共识，并实现协同合作，共同参与并促进新型智慧城市的建设与高质量发展。

(二) 多方参与式治理模式

移动互联网情境下新型智慧城市的治理模式，是在城市公共信息平台的支持下，多主体协同的、具有标准化的运作流程，精准、高效、科学的城市管理模式。在这种治理模式中，城市管理的相关政府部门与企业、科研院所、社会公众等其他城市治理主体之间互联互通、共享信息、相互协作。城市公共信息平台在新型智慧城市治理模式中发挥非常重要的作用，公共信息平台一方面能够实现对地理空间数据、遥感影像数据、车载视频数据等城市管理信息的集成化与可视化管理；另一方面能够帮助城市治理主体实现信息互联和资源共享，实现新型智慧城市管理的统一调度和指挥。

1. 构建多中心公共治理格局

为促进社会力量参与新型智慧城市的治理，需要构建多中心公共治理格局，加强体制机制创新，不断优化多元主体参与城市治理环境，加快推进政府职能转型，建立协同管理机制；加强城市治理资源挖掘，构建以开放、共享、创新为特征的多元主体协同治理体系，通过模式创新实现智能化治理；进一步提升企业社会责任，发挥企业在城市治理中的技术、人才优势；构建强调公众参与的新型智慧城市共治机制，推动城市治理由"动员型"参与转变为"自觉型"参与,充分发挥公众在城市数据收集、共享与反馈中的作用,为提升新型智慧城市建设水平提供支持。

2. 构建可持续发展机制

多方参与式治理模式的顺利运行需要可持续发展机制的保障。首先,加强组织领导。成立"智慧办"等领导部门,负责新型智慧城市的建设监管,将各项工作进行具体分配,确保对公共资源的充分利用,并制定相关标准,提升新型智慧城市建设效率和治理效果。其次,加强政企合作。充分发挥政府的引领作用,鼓励多部门协作,鼓励政府与企业合作,构建政府、企业多方共同参与的投资运营机制与管理形式,形成"政府引导、多方努力、资源优化、整体提升"的工作模式,实现资源高效配置,降低城市建设和治理成本。通过系列优惠政策,吸引更多社会资本投入智慧医疗、智慧教育、智慧环保、智慧农业、智慧交通等领域,不仅能够减轻政府压力和释放社会活力,而且能够提高社会公众对新型智慧城市建设的参与度与满意度。

● 第三节　依托移动互联网实现城市基础设施的更新

移动互联网是新型智慧城市基础设施建设与更新的重要基础,而基础设施尤其是新型基础设施的建设是新型智慧城市建设与发展的重要途径。因此,揭示移动互联网情境下新型智慧城市治理的路径与策略,要从城市基础设施更新角度切入研究新型智慧城市的建设与治理要点。

一、依托移动互联网实现城市基础设施更新的重要性

互联网的发展使人们的生活越来越智慧化、数字化,给人们的生活带来了很多便利。依托移动互联网对基础设施进行更新,实现基础设施的智慧化,以打造城市神经感知网络,是新型智慧城市建设的重要基础。

移动互联网(尤其是 5G 网络)的发展,具有大带宽、大容量、低时延等优势,依托 5G 网络建设,实现万物皆可联,为新型智慧城市建设奠定高效的泛在联通网络。移动互联网的建设和应用已成为新型基础设施建设的重要牵引,移动消费迅速增

长，新模式新业态不断出现，促进产业的数字化转型升级。移动智能终端的普及化和多样化，使消费者日益多样化的需求得到极大满足，为新型智慧城市实现生态治理提供无限可能。依托移动互联网和云计算，城市中所有的信息都能够非常快速地收集、传递、处理和分析，为科学决策提供有效的信息通路保障。共建共享共治的城市新基建体系，能够从根本上提升城市治理体系和治理能力的现代化水平，为公众带来更加安全和便捷的智慧生活。

在移动互联网时代，各个国家都制订了城市基础设施更新计划，以破解城市化发展过程中的各种难题。移动互联网情境下的城市基础设施建设是新一代信息技术创新应用与城市转型融合发展的新途径，依托移动互联网消灭信息孤岛，实现互联互通是移动互联网情境下城市基础设施更新的关键步骤。

二、依托移动互联网实现城市基础设施更新的途径

基础设施通常是共建共用的，传统基础设施的数字化与更新、新型基础设施的建设，都需要政府、企业等相关各方协同合作。依托移动互联网进行城市基础设施更新可以从加大政府支持、加强与移动互联网企业合作、构建万物互联感知网络、移动互联网与公共交通系统集成等方面做出努力。

（一）加大政府支持

基础设施建设往往耗资巨大、建设周期长，但盈利性却比较差，导致企业在基础设施建设或更新的过程中参与积极性不高，因此需要政府的主导，需要政府提供一定的资金和政策支持，以激发企业参与的积极性。首先，政府需要从全局角度出发，进行统筹规划，制订基础设施建设或更新专项计划，统筹协调资源，防止重复建设和无序发展。其次，各级政府要带头开放公共基础数据，为企业开展基础设施建设或更新的具体工作提供各种便利和支撑条件。再次，政府可以通过颁布相关的税负减免政策，降低企业成本和负担，与企业制定合理的利益共享方案，提高企业参与的积极性。最后，政府需要结合城市特色、资源、文化、社会需求等确立基础设施建设的规模或更新的方向，要充分挖掘城市的特点，建设富有个性的新型智慧城市。

（二）加强与互联网企业合作

政府掌控着当地大量的城市资源，而互联网企业则在互联网终端技术、物联网、云计算等方面具备技术和人员优势。因此，政府或平台公司可以与互联网公司合作

成立混合所有制公司,共同完成基础设施的建设与更新。同时,要充分利用移动互联网技术,开发新的基础设施运营业务,积极带动产业链上下游企业发展,形成产业聚集效应,推动智慧产业的创建和发展。

(三)构建万物互联感知网络

新型基础设施建设中的 5G 基站、边缘计算、大数据中心、人工智能和工业互联网等,都与新型智慧城市建设紧密相连,是新型智慧城市建设的重要技术基础与平台。5G 网络具有高可靠、低时延、多元异构等特点,可以支撑无人驾驶、远程医疗等诸多新的应用场景,能够帮助构建万物互联感知网络,为新型智慧城市建设实现深度融合,为提升城市精准治理和生态治理水平提供基础。

通过对智能传感器和物联网终端的大规模部署,依托移动互联网构建物联网公共服务平台,能够构建万物互联的感知网络,实现感知数据的共享共融。将城市各个系统的数据融入万物互联平台,加强城市的整体感知能力。首先,推进 5G 网络的全区域部署,增强生产生活的便利性。其次,加快 IoT、CIM+BIM、GIS 等信息平台的建设。通过 5G 网络铺设、传感器布置、信息平台搭建等途径,促进城市的智慧化发展。

第四节　合理使用技术支持

新型智慧城市的建设应该"以人为本",通过物联网、工业互联网、5G 及人工智能等技术的逐渐突破和高效发展,节省资源、提高效率,实现健康和便捷的生活。

一、充分发挥技术支持对新型智慧城市建设的促进作用

(一)技术支持的作用

移动互联网、大数据、智能穿戴、云计算、物联网、虚拟现实技术等新一代信息技术的发展为新型智慧城市发展提供了重要的技术支持和保障,信息技术在提升城市的公共安全管理、应急管理以及提高生活质量等方面,具有突出优势。例如,健康码

和大数据行程卡在精准防控中发挥了巨大作用；在线挂号、在线问诊为解决就医难问题起到了非常重要的作用；电子交警、潮汐分流、智能停车等极大缓解了城市的交通拥堵问题；共享单车、刷码乘车极大方便了人们的出行，等等。

信息技术是城市生产力发展的重要推动力，能够有效保障新型智慧城市发展的基本需求。新一代信息技术的发展对政府数字化转型和服务能力提升起到非常重要的促进作用。其一，信息技术能够帮助政府提升经济调节能力。政府通过信息技术构建经济治理基础数据库，对涉及国计民生的数据开展全流程的收集、分析和应用，对经济运行状况进行实时监测和动态感知，通过综合分析对经济发展趋势进行研判，进而制定更加精准、科学、有效的经济政策。其二，信息技术能够帮助政府提升市场监管能力。政府运用信息技术构建新型监管机制，运用多源数据为市场主体精准画像，对市场风险进行研判，通过"互联网+监管"，构建全国一体化在线监管平台，推动监管数据和行政执法信息的共享。以新型监管技术提升监管智慧化水平，强化以网管网，全面提升对新技术、新产业、新业态、新模式的监管能力。其三，信息技术能够帮助政府提升社会管理能力。通过各种信息技术的运用，深化数字化手段在国家安全、社会稳定、打击犯罪、治安联动等各方面的应用，提高各类风险的预测预警和防范能力；通过优化完善应急指挥通信网络，全面提升应急监督管理、指挥救援、物资保障、社会动员的数字化和智慧化水平；通过"互联网+基层治理"，构建新型基层管理服务平台，推进智慧社区建设，从而实现基层精准化社会治理。其四，信息技术能够帮助政府提升公共服务能力。利用信息技术持续优化全国一体化政务服务平台，能够全面提升公共服务的数字化和智慧化水平，不断满足企业和公众的多层次多样化需求。通过掌上办事服务新模式，推进公共服务数字化，提升政府主动、精准、协同、智慧服务的能力，实现对企业全生命周期的服务和对公众公平普惠的民生服务。其五，信息技术能够帮助政府提升生态环境保护能力。利用信息技术构建一体化生态环境智能感知体系和"精准感知、智慧管控"的协同治理体系，打造生态环境综合管理信息化平台，强化对自然资源的综合开发利用和协同治理，提高自然资源利用率，并推动绿色低碳发展新格局的形成。其六，信息技术能够帮助政府提升政务运行效能。利用信息技术建立健全大数据辅助科学决策机制，统筹推进决策信息资源系统建设，汇聚整合多元数据资源，拓展动态监测、统计分析、趋势研判、效果评估、风险防控等应用场景，从而全面提升政府决策的科学化水平和政务运行效能。其七，信息技术能够帮助政府提升政务公开水平。利用信息技术构建政务新媒体体系,形成整体联动、同频共振的政策信息传播格局。依托政务新媒体体系,做好突发公共事件信息发布和政务舆情回应工作,用数字化手段感知社会态势、倾听群众诉求,进而作出科学决策。

（二）技术的提升策略

信息技术虽然对新型智慧城市的建设起到非常重要的作用,但目前来看,新一代信息技术仍然存在兼容性、安全性、标准性等多方面的问题。因此,需要从硬件基础设施和软件系统平台两个方面不断提升技术的安全性和可靠性,以保障城市的精准化治理和公共服务智慧化。

首先,增强技术兼容性。技术兼容性的增强有助于提升各个城市信息子系统之间数据的交互与创新应用能力,新型智慧城市建设需要城市内部不同领域信息技术解决方案之间相互兼容。其次,提高技术安全性。技术安全性是新型智慧城市建设的必要基础,可以通过构建技术安全整体防御体系、构建城市安全管理系统、完善信息安全管理制度规范、提高全民的网络安全防护意识等措施提高技术安全性。再次,制定统一的技术标准。统一的技术标准不仅有助于整合不同技术架构,持续推进各子系统的集成,也有助于城市不同服务的全面改进和系统优化。

二、防止新型智慧城市建设被技术"绑架"

新型智慧城市建设是实现创新城市生态、重构城市治理模式、实现城市可持续发展的重要方式,但第一轮的智慧城市建设对"智"的关注有余,而对"慧"的关注不足,一维的发展理念导致第一轮智慧城市发展的不平衡、不科学、不可持续。新型智慧城市建设效果的衡量应该以人对幸福的感知为衡量尺度,而不以技术的先进性为衡量尺度。新型智慧城市的建设应始终坚持以人为本的理念,以协同创新、统筹发展为目标。技术只能为智慧城市建设提供一个支撑,而不能从整体的全域视角来统筹智慧城市的总体发展。技术导向下的智慧城市建设,忽视了城市"以人为本"的本质属性,单单依靠信息技术并不能提升人民的获得感和幸福感。狭隘的"技术至上"理论在商业资本的强力追逐下,第一轮智慧城市建设未能取得理想中的效果,问题不断涌现。虽然信息技术的发展带来了诸多便利,大数据技术能帮助人们分析问题,为科学决策提供了依据,但技术有其局限性,单单依靠技术并不能从根本上解决城市的交通拥堵、生态破坏、人口过度集聚等问题。相反过度的技术开发投入和使用耗费了巨额投资,给城市带来巨大的资本成本,甚至超过了城市的承载力和需求,导致第一轮智慧城市建设在斥巨资后未能实现预想的效益,却发生了资金链断裂、人才短缺、发展受阻等种种问题。我们必须认识到,仅仅依靠信息技术并不能够实现城市的真正智慧化。城市的智慧化不仅体现在技术系统和管理系统智慧化,更体现在城市人文系统和生态系统的智慧化。在新型智慧城市建设过程中,必须明确技术的支撑地位,而不是主导地位,必须明确城市运行的内在逻辑,运用系统工程方法进行总体统筹与协调。

同时,第一轮智慧城市建设过程中所应用的技术多由企业开发,智慧城市的发展受到企业所提供的智慧化产品和服务的影响过大,人们成为企业智慧化产品或服务的被动接受者,而这些产品或服务可能并不是人们真正需要的。更严重的,一些不良的智慧化产品在人们的使用过程中,窃取消费者的个人信息和个人隐私,造成消费者个人隐私的泄露,给消费者带来诸多不便甚至损失,这与新型智慧城市建设"以人为本"的本质属性是相违背的。第一轮智慧城市建设过多依赖技术会造成利益被企业更多占有,而损害了社会公众的利益,导致城市发展的不平衡、不科学,因此在新型智慧城市的建设过程中要明确技术的定位,谨防被技术"绑架"。

第五节 创新新型智慧城市商业模式

新型智慧城市不是数字城市、信息化建设和物联网的简单替代,而是使城市治理社会化、专业化、智能化和法治化的总和。探索以智慧运营为核心的商业模式,促进政府和行业信息化发展,以大数据为重点,以需求导向为基础进行智慧产业批量化设计,加强对信息和通信技术的开放创新力度,加快智慧产业结构升级,实现新型智慧城市建设可复制可推广的商业模式,对促进新型智慧城市的长远发展具有重要意义。

一、积极推进智慧产业结构升级

新型智慧城市建设是一项系统工程,城市需要智慧,不仅在于需要良好的信息化基础设施,更在于打造合理的产业支撑体系和智慧应用领域,其关键在于积极发展智慧产业。智慧产业作为支撑智慧城市建设的现代产业体系,永远是推进新型城市化建设和新型智慧城市建设的核心和创新战略的主线,没有这一条,新型智慧城市建设就是一句空话。譬如,合理规划智慧产业布局、发展智慧软件产业、先进装备制造业、现代信息服务业、生命科学、现代农业等。新型智慧城市建设在很大程度上离不开智慧产业的支撑,与此同时,其释放的需求与能力也将极大地促进智慧产业的发展。因此,要通过数据赋能、减免税收、财政支持等多种策略来鼓励新型智慧城市中的创新和创业。首先,通过加大政府公共数据开放、鼓励企业数据共享等策略,帮助企业实现数字化转型,提升其数字服务能力。其次,对信息技术类企业给予税收减免政策,以降低企业成本,鼓励新型智慧城市发展所需的技术研发、产品设计、解决方案等方面的创新创业。再次,政府提供财政支持,资助相关的技术研发和产品、服务设计等,为创新创业提供资金支持。

二、合作模式创新

新型智慧城市的建设涉及众多利益相关者,而多方主体往往因为利益关系引发矛盾。为此,需要政府顶层引领,协调各方,构建一个政府引导、多元参与的合作模式。一般来说,新型智慧城市建设周期长、投资规模大、涉及主体多、协调难度大,在建设过程中应重点明确投资和利益分配问题,持续优化信息技术在智慧城市建设中的应用模式,通过组织协调机制吸引不同的社会力量加入,积极构建合作生态系统,形成共建共治共享合力。在面对公共服务项目时,例如智慧交通、智慧医疗、智慧社区等,需要政府强化引领职责,鼓励企事业单位、市场组织、社会公众多元参与,共同协商,并制定统一的行动纲领与标准规范,明确各方主体的职责与相应回报。总之,新型智慧城市建设要围绕城市核心要素进行迭代性优化,使政、产、学、研、用、金、社会力量都能参与。

◉ 第六节　加大数据开放与共享

新型智慧城市的建设需要大量的数据支撑,因此利用数字经济可以通过各种渠道收集多样的数据信息,例如企业、政务、网络等,通过信息技术和大数据技术对信息进行整理与分析,挖掘有价值的数据信息。充足的数据信息有利于新型智慧城市在建设中不断协调相应的信息系统,增加信息系统的可靠度和兼容度,在此基础上提高新型智慧城市建设水平。

一、数据与新型智慧城市建设的关系

新型智慧城市的建设离不开数据的支持,新型智慧城市的建设过程中又会产生大量数据,数据与新型智慧城市建设之间存在着密切的交互关系。在移动互联网和大数据时代,新型智慧城市建设更加重视数据的整合、流通、共享和深度利用。

(一)数据产生于新型智慧城市的建设过程

大数据来源于物联网技术下城市资源环境、基础设施、移动设备、移动网络在日常生产生活中产生的结构化、半结构化和非结构化数据,其运行过程是物联网和人工智能等技术取得新型智慧城市运行基础数据后,运用云计算进行信息分布式挖掘,最后获得数据增值。在新型智慧城市建设过程中,数据源多种多样,各类线上线下数据并存,实时与非实时数据并存,数据类型丰富多样,为城市数据的价值挖掘提供丰富素材。

(二)数据服务于新型智慧城市的建设

大数据具有天然的服务于精准治理的能力,依托大数据存储、分析和云计算技术,能够全面、即时、动态地捕捉数据中蕴含的价值,通过数据的联动和准确分析驱动城市治理决策的科学化和精细化,提升城市生态治理的能力和水平,也为社会多元主体享有公平的权利和机会提供保障。大数据以及大数据处理技术的发展,促使城市治理模式从政府本位向社会本位转变,数据驱动的城市治理新模式正在形成。

新型智慧城市作为开放的复杂巨系统,各子系统之间存在着复杂多变的关系和频繁的信息与能量交换。通过数据全域标识、状态精准感知、数据实时分析、模型科学决策、智能精准执行,处理大量来源多样且类型多变的数据,解决复杂多变的数据间的关系,对提升新型智慧城市的资源配置效率和建设成效具有重要意义。

二、数据开放与共享的意义

(一)数据开放与共享有助于发现潜在问题

新型智慧城市各子系统数据的开放与共享,有助于发现各子系统数据的矛盾之处,能够在数据的碰撞中发现更多的潜在问题,有助于不同子系统的协同与调整,进而从整体上提升新型智慧城市的建设水平。尤其是政府数据的开放与共享,能够将政府的工作模式、决策过程等公之于众,体现政府的公正性与透明性,不仅能够对政府形成有效的监督,发现潜在问题;而且能够使政府与民众的沟通更加顺畅,增进政府与公众的互信,从而提升政府的公共服务能力。

(二)数据开放与共享有助于实现城市的整合发展

通过构建城市数据实验室、城市数据研究院等数据开放与共享平台,整合新型智慧城市各个子系统的数据,并进行统一的数据处理与价值挖掘,将数据分析报告在平台上公开,以方便企业、科研院所、社会公众获取并使用。通过数据开放与共享平台,将分散、静态的数据整合起来、动态运用,充分实现数据资源的商业价值、科研价值和服务价值。通过数据开放与共享,不断缩小政府、企业、科研院所、社会公众等新型智慧城市建设主体的距离,使城市各子系统更加融合,实现新型智慧城市的整合发展。

(三)数据开放与共享有助于实现城市治理模式创新

加大数据开放与共享,能够为城市治理提供新思路,促使其治理思维模式优化和创新。在解决城市治理者主观认知与城市运行发展客观世界之间信息不对称问题方面,大数据也发挥着重要的作用。通过对大量信息的搜集与整合,有利于提高决策的科学性。因此,必须加快开放政府数据,建立并完善共享机制,增强对社会的回应性,实现开放、协调、创新、共享。

政府往往是最大的数据拥有者,政府所拥有的数据往往最全面、最准确,而且与社会生产生活密切相关,因此政府数据的开放与共享对促进新型智慧城市建设尤为重要。在保证有效监管的前提下,各级政府逐步加大政府数据的开放与共享,通过引导企业挖掘数据价值,探索数据商业模式,有助于释放数据活力,实现对政府数据的高效高质量利用,提升新型智慧城市的运行效率。

三、数据开放与共享的策略

数据如果不能被开放,那么数据产生不了多大的价值。因此需要打破部门壁垒界限,通过数据开放与共享激发社会管理创新,构建新的城市治理体系和治理模式,具体策略如下。

（一）建立统一的数据平台

新型智慧城市的建设应注重建立统一的数据平台，通过统一的数据开放门户网站向公众开放这些数据资产，成立数据统筹管理部门，完善城市数据资产管理机制，积极推进数据标准化建设，加强城市数据开发利用。通过建立统一的数据平台，一方面能够防止各部门、各领域出现信息垄断和硬件重复；另一方面能够保证数据的准确性与完整性。通过综合数据服务平台的进一步构建与完善，实现存算均衡、绿色低碳、统筹规划的数据中心布局，为新型智慧城市的构建与治理提供支持。同时，统一的数据平台还能帮助城市相关管理部门提升数字管控能力，促进协同、共治和创新。

（二）创新数据资源利用体系

通过打造政府主导、多方参与、数据互联的数字生态环境，促进数据的共享、开放和再利用。首先，构建数据管理和利用机制，鼓励企业、公众等多方参与，群策群力激发数据创新应用，提升城市的数字服务能力。其次，制定合理的数据收集制度，统一数据统计口径，提高数据的真实性与可靠性，并拓宽数据获取渠道，丰富数据类型，促进数字经济发展的同时为新型智慧城市建设提供强有力的保障。再次，加强政府与社会数据资源的整合共享，支持企业开发大数据在城市治理方面的应用，提升城市治理智能化水平与决策支持能力。

（三）建立数据辅助决策制度

基于大数据和云计算技术，构建更为智能化的城市中枢和透明政府，各级政府对数据进行更为智能化的分析，构建依据数据进行决策、管理和创新的新型城市治理模式，提高城市治理的有效性和针对性，实现"数据赋能"。

（四）完善数据开放共享安全机制

完善数据开放共享安全机制，需要利用明确的许可方式和共享许可协议，构建跨层级、跨部门和跨系统的多元主体和利益相关联盟，实施城市数据全生命期、全流程、全要素综合集成管理，保证数据在收集、传输、存储、加工、处理和应用全过程中的安全，包括数据内容本身的安全保护和对数据提供者个人信息与行为的保护，保障城市数据资源的安全。

第七章

研究结论与展望

本章的主要内容是对研究结论进行提炼与总结，指出研究的不足之处以及未来研究展望，为后续科学研究指明方向。

● 第一节　研究结论与创新点

通过文献梳理、探索性案例研究、理论推导与实证分析，得出主要研究结论与创新点如下。

一、主要研究结论

本书围绕移动互联网情境下新型智慧城市建设的影响因素、风险管理与城市治理开展研究，一方面，从实证层面分析移动互联网情境下新型智慧城市建设与发展的主要影响因素，研究这些因素的作用路径；另一方面，从理论层面分析移动互联网情境下新型智慧城市的管理创新行为，并在此基础上提出新型智慧城市精准治理优化的对策建议。通过案例分析、理论演绎和实证检验等得出研究结论，主要包括以下三个方面内容。

（一）新型智慧城市建设受多种因素的影响

本书通过文献研究、专家访谈、探索性案例分析和实证研究，从治理体系、基础设施、技术支持、经济要素、数据应用五个维度构建移动互联网情境下新型智慧城市建设影响因素指标体系，并通过结构方程模型分析各因素对新型智慧城市建设水平的影响路径与影响程度。研究发现，治理体系、基础设施、技术支持、经济要素与数据应用对新型智慧城市建设均具有显著积极影响作用，是提高新型智慧城市建设水平的重要因素。

（二）各种因素对新型智慧城市建设水平的影响程度不同

实证研究结果表明，治理体系、基础设施、技术支持、经济要素、数据应用五个维度的影响因素对新型智慧城市建设水平的影响程度是不同的。其中，影响程度最大的是技术支持因素，其次是数据应用，再次是经济要素，随后是治理体系，最后是基础设施。说明目前新型智慧城市的建设受技术因素的驱动作用较大,数据开放与共享、经济要素投入的作用也不容忽视;而治理体系和基础设施作为底层的支撑,对新型智慧城市建设水平的提升没有产生非常直接的影响,或这种影响不容易被察觉。

(三)中国新型智慧城市建设处于较高水平但地域发展不均衡

通过搜集 2012—2021 年十年间中国智慧城市建设相关数据开展实证研究,结果表明,近十年中国智慧城市的建设水平不断提高,2021 年评分值为 9.381 分,达到较高水平。但从不同地区新型智慧城市建设水平的横向对比来看,地域发展仍不均衡,沿海的华东、华南地区新型智慧城市建设水平最高,是中国新型智慧城市建设的第一梯队,其中华东地区处于绝对领先地位;华中、西南、华北三个地区位居其次,是中国新型智慧城市建设的第二梯队;东北和西北地区则构成中国新型智慧城市建设的第三梯队。来自现实数据的分析结果表明,经济发展水平越高、基础设施建设越发达、信息技术越先进的地区,新型智慧城市建设水平越高,再次验证了本书研究假设。

(四)新型智慧城市建设仍存在诸多风险需要加以防范

移动互联网情境下新型智慧城市建设在治理体系、基础设施、信息技术、建设资金、数据应用等方面均存在诸多风险。治理体系方面的风险,主要体现在顶层设计缺失和总体规划不足、参与主体风险意识和主体责任不强两个方面;基础设施方面的风险,主要体现在信息基础设施存在漏洞、遭受攻击概率加大、遭受攻击后影响严重三个方面;信息技术方面的风险,主要来自信息技术由发达国家的公司掌握、信息技术的兼容性与可扩展性较弱两个方面;建设资金方面的风险,则来自建设资金来源单一和建设资金的持久性投入两个方面;数据应用方面的风险,主要来自数据共享导致信息泄露、数据存储与传输安全问题两个方面。

(五)提高城市精准治理能力是新型智慧城市建设的重要目的

全面提升城市治理能力与创新能力是当今城市发展的主要特征和趋势之一,新型智慧城市是典型的开放型复杂巨系统,其顶层设计应运用系统思维方法,有机运用系统工程理论和方法,以构建开放的体系构架。通过统一的顶层设计与参与式治理、依托移动互联网实现城市基础设施的更新、合理使用技术支持、创新新型智慧城市商业模式、数据开放与共享等途径,能够不断提高新型智慧城市的建设水平,逐步实现城市的精准治理和生态治理。

二、研究的创新点

基于对上述研究结论的分析，移动互联网情境下，新型智慧城市研究的贡献和创新点主要体现在如下四个方面。

（一）开发了移动互联网情境下新型智慧城市建设影响因素指标体系

在借鉴已有文献研究成果与探索性案例研究的基础上，结合移动互联网情境，从治理体系、基础设施、技术支持、经济要素、数据应用五个维度构建移动互联网情境下新型智慧城市建设影响因素指标体系，运用问卷调查法深入研究专家学者对指标体系的意见和建议，对指标体系进行修正。通过对开发量表的测量条款进行问卷调查，并对问卷反馈的数据进行探索性因子分析和验证性因子分析，大部分变量的总体相关系数均大于 0.7，各结构维度的 Cronbach's α 值均大于 0.8，各因子的最大载荷值均大于 0.7，且各个维度的累计方差解释率均超过 70%，最终获得了共包括 17 项测量条款的指标体系。回归结果也验证了研究项目所开发测量量表的科学性与合理性，由此拓宽了新型智慧城市建设影响因素指标研究，有助于深化对新型智慧城市建设的认识，并为移动互联网情境下新型智慧城市建设水平的提升作出贡献。

（二）构建了影响新型智慧城市建设水平的理论模型

构建各影响因素与新型智慧城市建设水平的关系模型，并采用结构方程模型验证模型中变量间的关系。该模型不仅新增了不同影响因素与新型智慧城市建设水平关系的理论解释，也拓展了新型智慧城市建设研究的理论边界，同时为移动互联网情境下新型智慧城市建设的理论构建提供参考，具有一定的创新性。

（三）识别了新型智慧城市建设的风险因素

基于治理体系、基础设施、信息技术、建设资金和数据应用五个维度，对新型智慧城市建设的风险因素进行识别，并提出相应的风险预防与应对之策，对降低新型智慧城市建设风险，提高建设成效具有重要意义。

（四）提出了提升新型智慧城市精准治理能力的对策

围绕移动互联网情境下新型智慧城市建设的影响因素问题，运用定性与定量相结合的研究方法，从顶层设计与参与式治理、依托移动互联网的基础设施更新、合理使用技术支持、创新城市商业模式、加大数据开放共享等角度出发，提出了城市精准治理能力提升对策，这是研究的现实指导意义所在。

第二节 研究不足和展望

我们尽可能遵循科学严谨的分析步骤,采用规范的研究范式,利用成熟的统计工具和分析方法进行分析论证,力求构建科学可靠的评价模型与方法,获得相对严谨科学的研究结论,在理论上拓展和弥补现有研究的不足。但因时间与研究资源的有限性,也难免存在一定的局限性。

一、研究不足

研究不足主要体现在指标维度划分、变量测量和模型拟合、研究样本的局限、纵向分析不足等几个方面问题。

(一)指标维度划分问题

在大量阅读文献和相关理论研究的基础上,通过探索性案例与大样本问卷调查构建了移动互联网情境下新型智慧城市建设影响因素指标体系。研究中只选取了治理体系、基础设施、技术支持、经济要素、数据应用五个维度,但新型智慧城市建设会受到非常多因素的影响,是否还存在其他维度,还存在哪些维度,这都是需要后续深入研究的问题。

(二)变量测量和模型拟合问题

对构念测量的科学性与准确性是实证分析结论有效性的基础,量表开发过程严格遵循规范的研究流程,确保调研问卷的开发、修正和确认过程科学合理,实证检验结果显示测量量表具有良好的信度和效度。但由于研究的测量构念比较多,在测量量表设计过程中,尽量减少重复测量,由此可能弱化构念测量的全面性。此外,验证性因子分析模型的拟合指标虽然都已达到标准,但有的指标并不是非常理想,有待深入分析各构成维度之间的关系,进一步补充或修正测量问项,以提高测量的准确性和模型的整体拟合优度。

(三)研究样本的局限

首先,在测量量表设计时主要采用问卷调查获取数据进行实证研究,研究结论的科学性与准确性主要取决于样本质量。虽然在样本选取过程中做了大量的工作，但由于研究的时间、人力资源以及其他研究条件的限制，样本选取的范围仍不够广泛，样本的随机性不够显著，这可能在一定程度上影响统计结果。

（四）未开展定量化的风险度量

在新型智慧城市风险因素识别方面，仅从定性角度开展分析，未采用定量方法对风险大小进行量化分析，使研究的现实指导作用受到限制。

二、研究展望

结合现有研究的现状与进展，以及对局限性与不足之处的分析，未来研究可以从如下几个方面进行修缮与改进。

（一）完善指标体系并构建动态遴选机制

在现有文献研究、探索性案例研究与大样本问卷调查的基础上，重点探讨了治理体系、基础设施、技术支持、经济要素、数据应用五个维度对新型智慧城市建设的影响作用，但新型智慧城市建设的影响因素非常广泛，后续研究可以继续深入探讨其他方面因素的影响，构建更加全面的指标体系。同时，新型智慧城市建设作为一项大工程，需要不断滚动迭代。不同时期不同背景下，新型智慧城市建设的侧重点会有不同，后续可以继续探讨影响因素指标的动态遴选机制，根据实际需要选择恰当的指标体系。

（二）改进研究设计与关系模型

整体研究设计主要采用了大样本实证检验和案例研究设计，质化研究有助于提高对关键概念的理解，量化研究具有检验变量间关系的严谨性。鉴于混合方法研究结合两类研究的优势，在未来的研究中，可以继续利用这种研究方法对现有变量的关系进行深入挖掘，例如在现有研究的基础上，通过质性研究进一步开展关键维度之间作用机理和相互关系的研究，构建更细化更精练的关系模型，然后通过大规模的样本收集进行量化研究，详细解释各维度或者关键构念之间的相互关系，得出更有说服力的研究结论，构建更具一般性和普适性的关系模型。

（三）采用定量方法对风险进行测度

未来可以根据直觉模糊集理论，选用定量方法对新型智慧城市建设的风险因素进行具体的测度，以发现不同城市风险来源及其影响大小，进而提出更加有针对性的风险预防与应对之策。

参考文献

[1] 肖芳晏. 基于 5G 时代数字经济发展赋能智慧城市建设的探讨[J]. 中国新通信, 2022, 24(06):42-44.

[2] 赵龙文, 张国彬, 赵雪琦. 共生视角下政府开放数据应用生态系统演化研究[J]. 现代情报, 2022,42(05):13-25.

[3] 颜世龙. 北京为数字经济立法 新型智慧城市建设将全面提速[N]. 中国经营报, 2022-05-23(B09).

[4] 刘开君, 王鹭. 数字化赋能服务型政府建设:理论逻辑、实践图景与未来路向[J]. 杭州师范大学学报(社会科学版), 2022,44(03):111-120.

[5] 梅杰. 智慧城市更新:科技图景与三重路径[J]. 甘肃社会科学, 2022(03):45-53.

[6] 谢小芹, 任世辉. 数字经济时代敏捷治理驱动的超大城市治理:来自成都市智慧城市建设的经验证据[J]. 城市问题, 2022(02):86-95.

[7] 王芮. 通信行业助力新型智慧城市建设发展模式的研究[J]. 中国新通信, 2022,24(02):15-16.

[8] 齐旭. 数据开放和共享推动智慧城市建设快步走[N]. 中国电子报, 2022-04-01(007).

[9] 林游龙. 新型智慧城市"城市大脑"建设一体化设计[J]. 信息技术与网络安全, 2022, 41(02):61-65,72.

[10] 常丁懿, 石娟, 郑鹏. 中国 5G 新型智慧城市:内涵、问题与路径[J]. 科学管理研究, 2022, 40(02):116-123.

[11] 刘伟丽, 刘宏楠. 智慧城市建设推进企业高质量发展的机制与路径[J]. 深圳大学学报(人文社会科学版), 2022,39(01):95-106.

[12] 任俊武, 卞晓卫, 李毅, 等. 新型智慧城市建设路径探索的扬州实践[J]. 中国信息化, 2022 (01):101-102,92.

[13] 陈志刚. 新发展格局下, 新型智慧城市"整体城市"的理论构建[J]. 中国电信业, 2022 (01):61-65.

[14] 董正浩, 李帅峥, 邓成明, 等. "双碳"战略下新型智慧城市建设思考[J]. 信息通信技术与政策, 2022(01):57-63.

[15] 中国智慧城市服务平台发展报告[C]//艾瑞咨询系列研究报告, 2021(12):836-897.

[16] 周维, 王屹. 5G 赋能新型智慧城市建设助力政府数字化转型升级[J]. 大众标准化, 2021 (20):29-31.

[17] 苏君丽.关于加快建设新型智慧城市的路径与对策:以焦作市为例[J].今日财富,2021 (20):7-9.

[18] 郑武积.5G时代数字经济发展赋能智慧城市建设探讨[J].科学与信息化,2021 (19):2.

[19] 赵启明.基于熵值法的新型智慧城市影响因素分析[J].建设监理,2021(09):46-48.

[20] 芦升.新时期新型智慧城市发展研究:以大连市为例[J].大连干部学刊,2021,37(09): 60-64.

[21] 王枫,黄晓莉,万龙.概率语言多属性群决策方法及其在新型智慧城市市民获得感评价中 的应用[J].浙江大学学报(理学版),2021,48(05):557-564,572.

[22] 谭荣辉,徐晓林,傅利平,等.城市管理的智能化转型:研究框架与展望[J].管理科学学报, 2021,24(08):48-57.

[23] 郭若鸿.新型智慧城市建设演进与城市规划体系变革互动研究[J].广西社会科学,2021 (07):144-150.

[24] 张双志,吴珂旭,张睿,等.数据赋能:政府数据开放的技术创新效应研究[J].情报杂志, 2021,40(07):127-133.

[25] 张红霞.大数据背景下芜湖新型智慧城市建设困境及优化策略研究[D].芜湖:安徽工程 大学,2021.

[26] 王思豪.基于混合推荐算法的新型智慧城市指标管理与剪裁系统[D].太原:中北大 学,2021.

[27] 崔巍.大数据时代新型智慧城市建设路径研究[J].社会科学战线,2021(02):251-255.

[28] 崔庆宏,黄蓉,王广斌.新型智慧城市运营能力及其影响因素研究:以山东省为例[J].城市 问题,2021(01):10-18,37.

[29] 李庆瑞.城市治理的理论阐释与中国实践:一个文献综述[J].苏州科技大学学报(社会科 学版),2021,38(05):1-8,85.

[30] 陆昱.城市治理理论建构:背景、必要与可能[J].中共青岛市委党校 青岛行政学院学报, 2021(02):53-56.

[31] 刘晔,陈燕红.城市竞合视角下中国智慧城市建设驱动力研究:对49个城市的实证分析 [J].上海行政学院学报,2021,22(06):67-79.

[32] 沈体雁.城市治理研究前沿:理论、方法与实践[N].北京日报,2021-02-08(012).

[33] 陈鸿宇.建设和运用城市大脑创新超大城市社会治理体系[J].南方经济,2021(10):4-6.

[34] 陈小鼎,李珊.美国数字基建的现状与挑战[J].现代国际关系,2021(10):46-54,64.

[35] 姚冲,甄峰,席广亮.中国智慧城市研究的进展与展望[J].人文地理,2021,36(05):15-23.

[36] 朱春奎,王彦冰.美国智慧城市建设的发展战略与启示[J].地方治理研究,2021(04):56-63,79.

[37] 向玉琼,谢新水.数字孪生城市治理:变革、困境与对策[J].电子政务,2021(10):69-80.

[38] 沈昊婧.基于公共风险应对的城市整体性治理[J].宏观经济管理,2021(10):41-47,54.

[39] 肖倩冰,陈林,裴丹.智慧城市之共享经济与环境治理:以共享单车低碳出行为例[J].中国软科学,2021(09):172-181.

[40] 汪玉凯.城市数字化转型与国际大都市治理[J].人民论坛·学术前沿,2021(Z1):40-45.

[41] 周利敏,韦莉温莎.面向人工智能时代的城市危机治理:基于多案例的比较研究[J].郑州大学学报(哲学社会科学版),2021,54(05):21-26,127.

[42] 楚天骄.上海与伦敦智慧城市建设路径比较研究[J].世界地理研究,2021,30(06):1163-1174.

[43] 郑烨,姜蕴珊.走进智慧城市:中国智慧城市研究的十年发展脉络与主题谱系[J].公共管理与政策评论,2021,10(05):158-168.

[44] 巴拓识,彭蓓.对数字全球化时代未来智慧城市的思考[J].国外社会科学,2021(05):74-79,158-159.

[45] 陈水生.迈向数字时代的城市智慧治理:内在理路与转型路径[J].上海行政学院学报,2021,22(05):48-57.

[46] 刘志亭.新型智慧城市与新基建的融合发展:以山东省青岛市为例[J].城市管理与科技,2021,22(05):71-73.

[47] 常凯,禹东山.新型智慧城市下政务数据安全管理的研究[J].网信军民融合,2021(08):43-45.

[48] 朱海龙,张志雄.中国智慧化建设区域差异研究[J].经济地理,2021,41(08):54-61,80.

[49] 毛超,岳奥博,沈力,等.数字孪生技术支撑下城市智慧治理隐秩序显性化的方法体系构建[J].城市发展研究,2021,28(08):56-62.

[50] 曾长隽.以人民为中心推进新型智慧城市发展[N].社会科学报,2021-08-26(002).

[51] 姚建华,徐偲骕.智慧城市:网络技术、数据监控与未来走向[J].南昌大学学报(人文社会科学版),2021,52(04):88-97.

[52] 马俊.智慧时代城市基层网格治理运行困境与改革进路[J].领导科学,2021(16):50-52.

[53] 武永超.智慧城市建设能够提升城市韧性吗:一项准自然实验[J].公共行政评论,2021,14(04):25-44,196.

[54] 段妍婷,胡斌,余良,等.物联网环境下环卫组织变革研究:以深圳智慧环卫建设为例[J].管理世界,2021,37(08):207-225.

[55] 周林兴,崔云萍.智慧城市视域下政府数据开放共享机制研究[J].现代情报,2021,41 (08):147-159.

[56] 石鹏展,戴欢,陈洁,等.基于区块链的智慧城市边缘设备可信管理方法研究[J].信息安全 学报,2021,6(04):132-140.

[57] 贾舒.中国特色新型智慧城市的多维目标与建设路径[J].长白学刊,2021(04): 112-119.

[58] 单志广.智慧城市中枢系统的顶层设计与建设运营[J].人民论坛·学术前沿,2021(09): 42-49.

[59] 刘锋.城市大脑的起源、发展与未来趋势[J].人民论坛·学术前沿,2021(09):82-95.

[60] 赵耀,田永鸿,党建武,等.面向智慧城市的交通视频结构化分析前沿进展[J].中国图象图 形学报,2021,26(06):1227-1253.

[61] 王哲,叶巍.智慧城市居住环境营造与维护规划分析[J].环境工程,2021,39(06):259.

[62] 张明慧,史小辉.城市级智慧停车综合管理系统的研究与应用[J].计算机应用与软件, 2021,38(06):345-349.

[63] 陈晓红,聂建国,吴志强,等.创新型城市管理与决策研究前沿:第234期双清论坛学术综 述[J].中国科学基金,2021,35(04):611-619.

[64] 郭骅,邓三鸿.城市大脑的定位、溯源、创新和关键要素[J].人民论坛·学术前沿,2021 (09):35-41.

[65] 邵炜星,王少文.智慧城市建设与城市经济发展[J].城市轨道交通研究,2021,24 (06):230.

[66] 范德成,方璘,宋志龙.智慧城市建设的产业结构升级效应及作用机制研究[J].科技进步 与对策,2021,38(17):61-68.

[67] 柳进军.城市大脑的逻辑模型[J].人民论坛·学术前沿,2021(09):26-34.

[68] 孟凡坤,吴湘玲.智慧城市何以高效建设:基于第一批国家试点的组态研究[J].中国科技 论坛,2021(06):95-104.

[69] 陆军.城市大脑:城市管理创新的智慧工具[J].人民论坛·学术前沿,2021(09):16-25.

[70] 郭骅,侯柏屹,张文洁,等.智慧城市数据运营中心:系统概念、建设要素和展望[J].情报杂 志,2021,40(07):157-165,65.

[71] 陈栋,张翔,陈能成.智慧城市感知基站:未来智慧城市的综合感知基础设施[J].武汉大学 学报(信息科学版),2022,47(02):159-180.

[72] 周林兴,徐承来,宋大成.智慧城市视域下政府数据质量优化反馈机制研究[J].情报杂志, 2021,40(07):146-156.

[73] 锁利铭,阚艳秋,陈斌.经济发展、合作网络与城市群地方政府数字化治理策略:基于组态分类的案例研究[J].公共管理与政策评论,2021,10(03):65-78.

[74] 郝寿义,马洪福.中国智慧城市建设的作用机制与路径探索[J].区域经济评论,2021(03):81-91.

[75] 逯行.智慧城市教育公共服务数据治理研究[J].中国远程教育,2021(05):32-41,50.

[76] 盖宏伟,牛朝文.新型智慧城市下澳大利亚城市建设发展策略及启示[J].成都行政学院学报,2021(05):31-37.

[77] 俞可平.中国城市治理创新的若干重要问题:基于特大型城市的思考[J].武汉大学学报(哲学社会科学版),2021,74(03):88-99.

[78] 汪靖,史静远.从人脸识别管窥全球智慧城市的隐私文化差异[J].青年记者,2021(08):92-93.

[79] 郭书谏,沈骑.智慧城市建设中的语言服务[J].语言战略研究,2021,6(03):45-54.

[80] 张若冰,祝歆,李雪岩.智慧城市建设推动社区治理实践创新[J].北京联合大学学报(人文社会科学版),2021,19(02):116-124.

[81] 吴璟.智慧城市的科技创新周期:意涵、问题与进路[J].探索与争鸣,2021(04):153-158,180.

[82] 梅杰.技术适配城市:数字转型中的主体压迫与伦理困境[J].理论与改革,2021(03):90-101.

[83] 史北祥,马尔温,杨俊宴.后智慧城市转型背景下高密度城区建成环境的品质提升研究[J].国际城市规划,2021,36(02):16-21.

[84] 卢勇东,杜思宏,庄典,等.数字和智慧时代BIM与GIS集成的研究进展:方法、应用、挑战[J].建筑科学,2021,37(04):126-134.

[85] 袁宇阳.信息化背景下智慧乡村的特征、类型及其实践路径[J].现代经济探讨,2021(04):126-132.

[86] 张彩波.智慧系统及其在智慧城市应用的前沿技术分析[J].科学技术与工程,2021,21(10):3877-3886.

[87] 胡广伟,赵思雨,姚敏,等.论我国智慧城市群建设:形态、架构与路径:以江苏智慧城市群为例[J].电子政务,2021(04):2-15.

[88] 楚金华,钟安原.智慧城市建设对城市创新力提升的影响研究[J].电子政务,2021(04):16-29.

[89] 钱学胜,唐鹏,胡安安,等.智慧城市技术驱动反思与管理学视角的新审视[J].电子政务,2021(04):30-38.

[90] 张云开,马捷,张子钊,等.面向智慧政务的政府信息协同网络结构与测度研究[J].情报科学,2021,39(04):165-173.

[91] 季珏,汪科,王梓豪,等.赋能智慧城市建设的城市信息模型(CIM)的内涵及关键技术探究[J].城市发展研究,2021,28(03):65-69.

[92] 王连峰,宋刚,张楠,等.面向智慧城市治理的数据模型建构[J].城市发展研究,2021,28(03):70-76,84.

[93] 张新长,李少英,周启鸣,等.建设数字孪生城市的逻辑与创新思考[J].测绘科学,2021,46(03):147-152,168.

[94] 周荣超.智慧城市建设中的算法歧视及其消除[J].领导科学,2021(06):100-103.

[95] 何凌云,马青山.智慧城市试点能否提升城市创新水平:基于多期DID的经验证据[J].财贸研究,2021,32(03):28-40.

[96] 王波,张伟,张敬钦.突发公共事件下智慧城市建设与城市治理转型[J].科技导报,2021,39(05):47-54.

[97] 朱懿.城市社区智慧治理的整合机制研究[J].企业经济,2021,40(03):80-87.

[98] 马亮,郑跃平,张采薇.政务热线大数据赋能城市治理创新:价值、现状与问题[J].图书情报知识,2021(02):4-12,24.

[99] 李文钊.数字界面视角下超大城市治理数字化转型原理:以城市大脑为例[J].电子政务,2021(03):2-16.

[100] 汤旖璆.数字经济赋能城市高质量发展:基于智慧城市建设的准自然实验分析[J].价格理论与实践,2020(09):156-159,180.

[101] 邹凯,万震,曹丹,等.智慧城市信息安全监管策略的演化博弈分析[J].现代情报,2021,41(03):3-14.

[102] 章昌平,米加宁,刘润泽.以智抗疫:从健康码看城市治理智慧化的"微生态"[J].广州大学学报(社会科学版),2021,20(02):37-46.

[103] 韩存地,刘安强,张碧川,等.基于物联网平台的智慧园区设计与应用[J].微电子学,2021,51(01):146-150.

[104] 臧雷振,张振宇.智慧城市建设中的政府治理转型:需求耦合与运作机制[J].甘肃行政学院学报,2021(01):72-79,123,126-127.

[105] 蒋华雄,郑文升."智慧"城市主义:思想内涵、现实批判及其转型启示[J].城市发展研究,2021,28(01):111-116,124.

[106] 王成山,董博,于浩,等.智慧城市综合能源系统数字孪生技术及应用[J].中国电机工程学报,2021,41(05):1597-1608.

[107] 马闯.城市竞争力视角下中国智慧城市建设驱动力研究:评《创新驱动与智慧发展——2018年中国城市交通规划年会论文集》[J].科学决策,2021(01):95-96.

[108] 吴琳,周海泉,张斌.未来城市发展逻辑下新型基础设施建设规划思考与实践[J].规划师,2021,37(01):11-20.

[109] 张冰倩,彭国超,梁欣婷,等.智慧城市App用户适应性信息行为过程研究[J].情报理论与实践,2021,44(06):125-131.

[110] 阳富强,林子燚,邱东阳.基于CiteSpace的国内城市公共安全可视化研究分析[J].福州大学学报(自然科学版),2021,49(01):121-127.

[111] 曹先,张恒,高旭,等.基于区块链的智慧城市时空大数据平台相关研究[J].规划师,2020,36(24):46-51.

[112] 原珂,陈醉,王雨.中国城市风险治理研究述评(1998—2018):基于CSSCI期刊文献的可视化分析[J].兰州学刊,2020(12):101-115.

[113] 罗燊,张永伟."新基建"背景下城市智能基础设施的建设思路[J].城市发展研究,2020,27(11):51-56.

[114] 周盛世,张宁,张晓娟.协同控制视角下"信息化+"一核多元智慧治理研究[J].系统科学学报,2021,29(01):67-72.

[115] 王成.智慧城市理念下的城市公共设施设计研究[J].包装工程,2020,41(22):326-329,334.

[116] 何明升.智慧社会:概念、样貌及理论难点[J].学术研究,2020(11):41-48,177.

[117] 张节,李千惠.智慧城市建设对城市科技创新能力的影响[J].科技进步与对策,2020,37(22):38-44.

[118] 张琴.智慧城市治理中个人信息的权益解析和权利保护[J].南京社会科学,2020(11):93-98,107.

[119] 李书音,王剑.基于"游戏精神"视角的智慧城市逻辑重构探索[J].城市发展研究,2020,27(10):17-22.

[120] 徐偲骕,洪婧茹.谨慎对待城市"公私合营"与公共数据私人控制:评《数字化世界的智慧城市》[J].国际新闻界,2020,42(10):159-176.

[121] 张艳丰,王羽西,邹凯,等.基于模糊DANP的智慧城市信息安全风险要素识别与管理策略研究[J].情报理论与实践,2020,43(10):144-150.

[122] 张霆.智慧城市建设下提升居民媒介信息素养探析:数字时代推进智慧城市建设与提升居民媒介信息素养的耦合[J].北京航空航天大学学报(社会科学版),2021,34(02):72-79.

[123] 张丽,吕康银.智慧城市公共服务数据画像及应用模式研究[J].情报科学,2020,38(10):61-67,89.

[124] 汪光焘,李芬.推动新型智慧城市建设:新冠肺炎疫情对城市发展的影响和思考[J].中国科学院院刊,2020,35(08):1024-1031.

[125] 高文.城市大脑的痛点与对策[J].智能系统学报,2020,15(04):818-824.

[126] 贾舒.产权理论视角下智慧城市大数据利用困境与创新策略[J].经济体制改革,2020(05):59-64.

[127] 葛天任,裴琳娜.高风险社会的智慧社区建设与敏捷治理变革[J].理论与改革,2020(05):85-96.

[128] 张艳丰,王羽西,邹凯,等.智慧城市信息安全影响因素与关联路径研究:基于扎根理论的探索性分析[J].情报科学,2021,39(05):34-40,46.

[129] 曹钺,陈彦蓉.城市空间中的智能化治理风险:以城市大脑为例[J].学习与实践,2020(08):64-71.

[130] 汪光焘,李芬.推动新型智慧城市建设:新冠肺炎疫情对城市发展的影响和思考[J].中国科学院院刊,2020,35(08):1024-1031.

[131] 吴俊杰,郑凌方,杜文宇,等.从风险预测到风险溯源:大数据赋能城市安全管理的行动设计研究[J].管理世界,2020,36(08):189-202.

[132] 韦景竹.专题研究:智慧公共文化服务及公共文化云平台[J].情报资料工作,2020,41(04):11.

[133] 韦景竹,王政.智慧公共文化服务的概念表达与特征分析[J].情报资料工作,2020,41(04):12-21.

[134] 张梅.芜湖新型智慧城市建设路径研究[D].安徽工程大学,2020.

[135] 罗筱琦,何培育.信息安全保障:智慧城市建设的重大课题[J].人民论坛,2020(21):82-83.

[136] 饶加旺,王勇,马荣华.文本大数据的智慧城市研究与分析[J].测绘科学,2020,45(07):170-180.

[137] 李磊,马韶君,代亚轩.从数据融合走向智慧协同:城市群公共服务治理困境与回应[J].上海行政学院学报,2020,21(04):47-54.

[138] 张蔚文,金晗,冷嘉欣.智慧城市建设如何助力社会治理现代化:新冠疫情考验下的杭州"城市大脑"[J].浙江大学学报(人文社会科学版),2020,50(04):117-129.

[139] 任萍萍.5G技术驱动下的智慧图书馆应用场景与智慧平台模型构建[J].情报理论与实践,2020,43(07):95-102.

[140] 李雪松.新时代城市精细化治理的逻辑重构:一个"技术赋能"的视角[J].城市发展研究,2020,27(05):72-79.

[141] 吴迪.边缘计算赋能智慧城市:机遇与挑战[J].人民论坛:学术前沿,2020(09):18-25.

[142] 陈月华,杨绍亮,李亚光,等.智慧城市安全风险评估模型构建与对策研究[J].电子政务,2020(05):91-100.

[143] 毛子骏,梅宏,肖一鸣,等.基于贝叶斯网络的智慧城市信息安全风险评估研究[J].现代情报,2020,40(05):19-26,40.

[144] 夏晓忠,周永利,侯艳玲,等.新型智慧城市建设中利益分配影响因素的演化博弈分析与仿真[J].技术经济,2020,39(04):59-65,85.

[145] 李晴,刘海军.智慧城市与城市治理现代化:从冲突到赋能[J].行政管理改革,2020(04):56-63.

[146] 王芳,阴宇轩,刘汪洋,等.我国城市政府运用大数据提升治理效能评价研究[J].图书与情报,2020(02):81-93.

[147] 王文彬,徐顽强.结构变迁与主体强化:大数据时代的城市社会治理[J].电子政务,2020(04):114-120.

[148] 唐斯斯,张延强,单志广,等.我国新型智慧城市发展现状、形势与政策建议[J].电子政务,2020(04):70-80.

[149] 关丽,丁燕杰,刘红霞,等.新型智慧城市下的体检评估体系构建及应用[J].测绘科学,2020,45(03):135-142.

[150] 钟开斌,林炜炜,翟慧杰.中国城市风险治理研究述评(1979—2018年):基于CiteSpace V的可视化分析[J].贵州社会科学,2020(03):41-49.

[151] 黄沣爵,杨滔,张晔珵.国内外智慧城市研究热点及趋势(2010—2019年):基于CiteSpace的图谱量化分析[J].城市规划学刊,2020(02):56-63.

[152] 阿尔伯特·梅耶尔,曼努埃尔·佩德罗,谢嘉婷,等.治理智慧城市:智慧城市治理的文献回顾[J].治理研究,2020,36(02):90-99.

[153] 杜献宁.将5G技术有效运用于城市公共管理体系[J].人民论坛,2020(08):54-55.

[154] 孟凡坤.我国智慧城市政策演进特征及规律研究:基于政策文献的量化考察[J].情报杂志,2020,39(05):104-111.

[155] 蒋知义,谢子浩,楚洁,等.信息生态视角下智慧城市公共信息服务质量影响因素识别研究[J].情报科学,2020,38(03):42-48,53.

[156] 张鸣春.从技术理性转向价值理性:大数据赋能城市治理现代化的挑战与应对[J].城市发展研究,2020,27(02):97-102.

[157] 田永超,于丽英.基于区间值直觉模糊集的技术创新风险评价方法[J].上海大学学报(自然科学版),2020,26(02):292-300.

[158] 陈思静.大数据时代社会治理智能化研究[J].建筑学报,2020(02):128.

[159] 杨宇."四大变革"提升智慧城市治理水平[J].人民论坛,2020(03):70-71.

[160] 张会平.面向公共价值创造的城市公共数据治理创新[J].行政论坛,2020,27(01):130-136.

[161] 孙轩,孙涛.大数据计算环境下的城市动态治理:概念内涵与应用框架[J].电子政务,2020(01):20-28.

[162] 陈立文,张田,赵士雯.基于 SNA 的智慧社区项目风险传导路径研究[J].管理现代化,2020,40(01):101-104.

[163] 滕吉文,司芗,刘少华.当代新型智慧城市属性、理念、构筑与大数据[J].科学技术与工程,2019,19(36):1-20.

[164] 龚健雅,张翔,向隆刚,等.智慧城市综合感知与智能决策的进展及应用[J].测绘学报,2019,48(12):1482-1497.

[165] 韩志明,李春生.城市治理的清晰性及其技术逻辑:以智慧治理为中心的分析[J].探索,2019(06):44-53.

[166] 高奇琦,阙天南.区块链在城市治理中的空间与前景[J].电子政务,2020(01):84-91.

[167] 郑明媚,张劲文,赵蕃蕃.推进中国城市治理智慧化的政策思考[J].北京交通大学学报(社会科学版),2019,18(04):35-41.

[168] 刘铭秋.智慧城市治理中的安全重构:基于全景敞视主义的分析[J].学习与实践,2019(10):22-31.

[169] 邓雯,杨奕,吴锐刚,等.从云端化到智能化:技术驱动下城市治理的路径选择与价值实现[J].情报杂志,2019,38(11):199-207.

[170] 邹凯,侯岚,蒋知义,等.智慧城市信息安全风险影响因素的三维结构框架与识别研究[J].现代情报,2019,39(10):15-23.

[171] 王强,曾绍伦.大数据背景下智慧城市研究可视化分析[J].科技促进发展,2019,15(09):1036-1045.

[172] 胡键.大数据技术条件下的城市治理:数据规训及其反思[J].华东师范大学学报(哲学社会科学版),2019,51(05):53-59,237.

[173] 张明斗,刘奕.新时代城市精细化治理的框架及路径研究[J].电子政务,2019(09):76-84.

[174] 李琼,杨洁,詹夏情.智慧社区项目建设的社会稳定风险评估:基于Bow-tie和贝叶斯模型的实证分析[J].上海行政学院学报,2019,20(05):89-99.

[175] 毛子骏,黄膂旭,徐晓林.信息生态视角下智慧城市信息安全风险分析及应对策略研究[J].中国行政管理,2019(09):123-129.

[176] 赵乔娟,李志红.我国智慧医疗研究热点及前沿可视化分析[J].科技促进发展,2019,15(08):878-883.

[177] 张旻翔.智慧城市环境下的政府数据开放问题研究[D].深圳:深圳大学,2019.

[178] 楚天骄.伦敦智慧城市建设经验及其对上海的启示[J].世界地理研究,2019,28(04):76-84.

[179] 王荣德.新型城镇化进程中生态文明与智慧城市协同建设研究:以国家级生态文明先行示范区湖州市为样本[J].广西社会科学,2019(08):78-83.

[180] 丁波涛.从信息社会到智慧社会:智慧社会内涵的理论解读[J].电子政务,2019(07):120-128.

[181] 韦颜秋,李瑛.新型智慧城市建设的逻辑与重构[J].城市发展研究,2019,26(06):108-113.

[182] 陈潭.智慧社会建设的实践逻辑与发展图景[J].行政论坛,2019,26(03):38-43,2.

[183] 韩普,李瑶康,马健.公众参与智慧城市管理众包的影响因素研究[J].信息资源管理学报,2019,9(02):117-128.

[184] 郭雨晖,汤志伟,翟元甫.政策工具视角下智慧城市政策分析:从智慧城市到新型智慧城市[J].情报杂志,2019,38(06):201-207,200.

[185] 刘红芹,汤志伟,崔茜,等.中国建设智慧社会的国外经验借鉴[J].电子政务,2019(04):9-17.

[186] 陈伟清,赵文超,张学垚.基于主成分分析法的南宁市新型智慧城市建设研究[J].生态经济,2019,35(04):99-103.

[187] 李超民.智慧社会建设:中国愿景、基本架构与路径选择[J].宁夏社会科学,2019(02):118-128.

[188] 高奇琦,刘洋.人工智能时代的城市治理[J].上海行政学院学报,2019,20(02):33-42.

[189] 唐要家,林梓鹏.基于产权理论的智慧城市信息共享机制研究[J].情报杂志,2019,38(02):166-171.

[190] 杨德钦,岳奥博,杨瑞佳.智慧建造下工程项目信息集成管理研究:基于区块链技术的应用[J].建筑经济,2019,40(02):80-85.

[191] 曹阳,甄峰,席广亮.大数据支撑的智慧化城市治理:国际经验与中国策略[J].国际城市规划,2019,34(03):71-77.

[192] 张梓妍,徐晓林,明承瀚.智慧城市建设准备度评估指标体系研究[J].电子政务,2019(02):82-95.

[193] 汪礼俊,张宇.新型智慧城市的五大能力建设[N].中国建设报,2019-01-03(006).

[194] 江凌,徐雨菲.上海城市安全风险防范和治理路径探析[J].江汉学术,2019,38(01):78-85.

[195] 刘淑妍,李斯睿.智慧城市治理:重塑政府公共服务供给模式[J].社会科学,2019(01):26-34.

[196] 林晋芳.政府与市场关系视角下新型智慧城市建设研究[D].厦门:厦门大学,2018.

[197] 王青娥,柴玄玄,张骧.智慧城市信息安全风险及保障体系构建[J].科技进步与对策,2018,35(24):20-23.

[198] 楚金华.中国地级以上城市智慧城市建设动因探寻:基于268个城市的事件史分析方法[J].统计与信息论坛,2018,33(12):82-91.

[199] 安小米,宋刚,路海娟,等.实现新型智慧城市可持续发展的数据资源协同创新路径研究[J].电子政务,2018(12):90-100.

[200] 包胜,杨淏钦,欧阳笛帆.基于城市信息模型的新型智慧城市管理平台[J].城市发展研究,2018,25(11):50-57,72

[201] 曾润喜,陈创.基于非传统安全视角的网络舆情演化机理与智慧治理方略[J].现代情报,2018,38(11):9-13.

[202] 杨雅厦.智慧社区建设对公共服务供给模式的变革及其优化研究[J].中国行政管理,2018(11):151-153.

[203] 韩清莹.智慧城市管理共享系统的设计与实现[J].测绘通报,2018(10):131-134.

[204] 余潇枫,潘临灵.智慧城市建设中"非传统安全危机"识别与应对[J].中国行政管理,2018(10):127-133.

[205] 汤文仙.精细化管理视角下的城市治理理论构建与探索[J].新视野,2018(06):74-80.

[206] 甄峰.学术引领、问题驱动、需求与目标导向,推动智慧城市的健康持续发展[J].科技导报,2018,36(18):8-9.

[207] 党安荣,甄茂成,王丹,等.中国新型智慧城市发展进程与趋势[J].科技导报,2018,36(18):16-29.

[208] 杨钦,刘红勇,温忠军.基于解释结构模型的智慧城市建筑信息模型运维管理应用影响因素分析[J].科技促进发展,2018,14(08):789-794.

[209] 明欣,安小米,宋刚.智慧城市背景下的数据治理框架研究[J].电子政务,2018(08):27-37.

[210] 李宇霄. 面向智慧城市建设的开放政府数据政策研究[D]. 哈尔滨:黑龙江大学,2018.

[211] 黄广平,徐晓林,赵峰. 基于复杂网络的智慧城市非传统安全问题研究[J]. 电子政务,2018(07):2-8.

[212] 贺仁龙. 迭代与超越:新型智慧城市崛起在即[N]. 中国建设报,2018-07-30(006).

[213] 赵畅,徐晓林,王君泽,等. 智慧城市信息共享与使用中的非传统安全分析:以"新型网络政治广告"为例[J]. 电子政务,2018(07):9-19.

[214] 黄膺旭,梅宏. 智慧城市背景下信息安全问题案例库设计[J]. 电子政务,2018(07):20-27.

[215] 崔庆宏,王广斌. 智慧城市参与式治理模式与实施路径:基于山东省的实证数据[J]. 技术经济与管理研究,2018(06):15-19.

[216] 王家耀. 系统思维下的新型智慧城市建设[J]. 网信军民融合,2018(06):10-13.

[217] 张宇,许宏鼎. 深圳新型智慧城市建设成效、经验及其对成都的启示[J]. 成都行政学院学报,2018,35(06):82-85.

[218] 李卫东,余奕昊,徐晓林. 智慧城市数据开放机制研究:以上海市政府数据服务网为例[J]. 企业经济,2018,37(06):163-172.

[219] 石大千,丁海,卫平,等. 智慧城市建设能否降低环境污染[J]. 中国工业经济,2018(06):117-135.

[220] 王俊. 从电子政务、智慧城市到智慧社会:智慧宜昌一体化建设实践探析[J]. 电子政务,2018,16(05):52-63.

[221] 张小娟. 智慧城市背景下企业技术创新的发展模式研究[J]. 技术经济与管理研究,2018(05):34-38.

[222] 锁利铭,冯小东. 数据驱动的城市精细化治理:特征、要素与系统耦合[J]. 公共管理学报,2018,15(04):17-26,150.

[223] 孟俊娜,周志浩,于利爽,等. 基于区间直觉模糊集的基础设施项目可持续性评价方法[J]. 模糊系统与数学,2018,32(02):137-146.

[224] 周博雅,徐若然,徐晓林,等. 智慧环保在城市环境治理中的应用研究[J]. 电子政务,2018(02):82-88.

[225] 臧维明,李月芳,魏光明. 新型智慧城市标准体系框架及评估指标初探[J]. 中国电子科学研究院学报,2018,13(01):1-7.

[226] 江文奇,王晨晨,祁晨晨. 智慧城市功能风险评估模型构建及应用研究[J]. 情报杂志,2018,37(01):186-190.

[227] 颜姜慧,刘金平.基于自组织系统的智慧城市评价体系框架构建[J].宏观经济研究,2018 (01):121-128.

[228] 李智.天津市滨海新区新型智慧城市建设研究[D].天津:天津财经大学,2018.

[229] 田佳.新型智慧城市评价方法研究[D].南京:东南大学,2018.

[230] 熊翔宇,郑建明.国外智慧城市研究述评及其启示[J].新世纪图书馆,2017(12):84-91.

[231] 熊杨婷.基于物联网的城市公共设施智能控制模型设计实现[J].现代电子技术,2017,40 (24):131-133.

[232] 罗尚忠.科技创新和商业模式创新双轮驱动智慧城市建设[J].中国科技论坛,2017 (12):1.

[233] 陈德权,王欢,温祖卿.我国智慧城市建设中的顶层设计问题研究[J].电子政务,2017 (10):70-78.

[234] 马宏正.档案管理应用移动互联网研究综述[J].山西档案,2017(06):54-56.

[235] 李佳,李兆友.智慧城市建设过程中的社会治理问题研究:以沈阳市为例[J].东北大学学报(社会科学版),2017,19(06):608-615.

[236] 屈芳,郭骅."物联网+大数据"视阈下的智慧养老模式研究[J].信息资源管理学报,2017, 7(04):51-57.

[237] 许欢,杨慧.智慧城市迭代发展的问题、逻辑与路径[J].学术研究,2017(10):68-72.

[238] 李朴民.扎实推进智慧城市建设[J].宏观经济管理,2017(10):7-8.

[239] 张小娟,贾海薇,张振刚.智慧城市背景下城市治理的创新发展模式研究[J].中国科技论坛,2017(10):105-111.

[240] 黄梅.推进新型智慧城市建设的关键之谈:访中国城市规划设计研究院学术信息中心副主任徐辉[N].中国建设报,2017-09-06(003).

[241] 张小娟,张振刚.中国城市社会来临背景下智慧城市的建设与发展对策[J].科技管理研究,2017,37(18):148-152.

[242] 夏志强,谭毅.城市治理体系和治理能力建设的基本逻辑[J].上海行政学院学报,2017, 18(05):11-20.

[243] 楚金华.我国智慧城市建设研究述评[J].现代城市研究,2017(08):115-120.

[244] 夏昊翔,王众托.从系统视角对智慧城市的若干思考[J].中国软科学,2017(07): 66-80.

[245] 杜明义,刘扬.物联网在城市精细化管理中的应用[J].测绘科学,2017,42(07):94-102.

[246] 邬伦,宋刚,吴强华,等.从数字城管到智慧城管:平台实现与关键技术[J].城市发展研究,2017,24(06):99-107.

[247] 邬伦,宋刚,王连峰,等.从数字城管到智慧城管:系统建模与实现路径[J].城市发展研究,2017,24(06):108-115.

[248] 马亮.智慧城市如何治理创新:面向城市"痛点"的系统设计[J].电子政务,2017(06):38-46.

[249] 盛广耀.智慧城市建设与城市转型发展研究[J].中共福建省委党校学报,2017(06):19-26.

[250] 李昊,王鹏.新型智慧城市七大发展原则探讨[J].规划师,2017,33(05):5-13.

[251] 周向红,常燕军.智慧城市发展脉络与基本规则论略[J].河南社会科学,2017,25(04):120-122.

[252] 向尚,邹凯,张中青扬,等.智慧城市信息生态链的系统动力学仿真分析[J].情报杂志,2017,36(03):155-160,154.

[253] 原珂.智慧城市建设社会风险分析及防范策略探究[J].领导科学,2017(08):28-30.

[254] 崔庆宏,王广斌.智慧城市建设影响因素对目标绩效的作用机理[J].同济大学学报(自然科学版),2017,45(01):152-158.

[255] 赵志刚.物联网金融与智慧城市[J].中国金融,2017(01):83-84.

[256] 王洪涛,陈洪侠.我国智慧城市创新扩散演进机理及启示:基于38个城市的事件史分析[J].科技进步与对策,2017,34(03):44-48.

[257] 胡苏云,肖黎春.特大城市社会治理创新:城市功能疏解的视角[J].城市发展研究,2016,23(12):43-49.

[258] 孙建军,裴雷,仇鹏飞,等.智慧城市建设项目风险挑战与解决经验:基于文献回顾与案例分析[J].图书与情报,2016(06):18-24.

[259] 赵蜀蓉,汤志伟,徐维烨.智慧城市发展的机遇、挑战与创新:2016年智慧城市国际论坛会议综述[J].中国行政管理,2016(12):150-151.

[260] 郭骅,苏新宁.智慧城市信息安全管理的环境、挑战与模式研究[J].图书情报工作,2016,60(19):49-58.

[261] 向尚,邹凯,蒋知义,等.基于随机森林的智慧城市信息安全风险预测[J].中国管理科学,2016,24(S1):266-270.

[262] 高凡石.物联网技术对智慧城市建设影响研究[J].电视技术,2016,40(07):45-48.

[263] 张协奎,乔冠宇,徐筱越,等.西部地区智慧城市建设影响因素研究[J].生态经济,2016,32(07):110-115.

[264] 吴大鹏,闫俊杰,杨鹏.面向5G移动通信系统的智慧城市汇聚及接入网络[J].电信科学,2016,32(06):52-57.

[265] 吴标兵,林承亮.智慧城市的开放式治理创新模式:欧盟和韩国的实践及启示[J].中国软科学,2016(05):55-66.

[266] 饶守艳.智慧政务提升政务效能的理论与实践[J].技术经济与管理研究,2016(05):89-93.

[267] 郭娴,李俊,孙军.智慧城市信息安全体系构建[J].电视技术,2016,40(05):22-25.

[268] 洪学海,范灵俊,洪筱楠,等.智慧城市建设中政府大数据开放与市场化利用[J].大数据,2016,2(03):17-26.

[269] 李纲,李阳.智慧城市应急决策情报体系构建研究[J].中国图书馆学报,2016,42(03):39-54.

[270] 李增,夏一雪.智慧城市预控式公共安全治理模式研究[J].消防科学与技术,2016,35(05):698-700.

[271] 邹凯,向尚,张中青扬,等.智慧城市信息安全风险评估模型构建与实证研究[J].图书情报工作,2016,60(07):19-24.

[272] 夏一雪,韦凡,郭其云.面向智慧城市的公共安全治理模式研究[J].中国安全生产科学技术,2016,12(04):100-105.

[273] 许爱萍.智慧城市政府治理的功能定位及提升路径[J].电子政务,2016(04):98-103.

[274] 马海韵,华笑.当前我国公民有序参与城市治理的困境及消解[J].江西财经大学学报,2016(02):107-113.

[275] 张世翔,苗安康.能源互联网支撑智慧城市发展[J].中国电力,2016,49(03):12-17,23.

[276] 梁丽.大数据时代治理"城市病"的技术路径[J].电子政务,2016(01):88-95.

[277] 张丙宣,周涛.智慧能否带来治理:对新常态下智慧城市建设热的冷思考[J].武汉大学学报(哲学社会科学版),2016,69(01):21-31.

[278] 胡景山,许爱萍.中国智慧城市建设中政府治理路径探析[J].天津社会科学,2015(06):95-97.

[279] 李一男.大数据和物联网在国外城市治理中的前沿应用:公共价值促生的可操作化[J].兰州学刊,2015(10):166-170,207.

[280] 陈万球,石惠絮.大数据时代城市治理:数据异化与数据治理[J].湖南师范大学社会科学学报,2015,44(05):126-130.

[281] 王亚玲.丝绸之路经济带智慧城市建设路径与对策研究[J].西安交通大学学报(社会科学版),2015,35(05):54-58.

[282] 张毅,陈友福,徐晓林.我国智慧城市建设的社会风险因素分析[J].行政论坛,2015,22(04):44-47.

[283] 曹树金,王志红,古婷骅.智慧城市环境下个人信息安全保护问题分析及立法建议[J].图书情报知识,2015(03):35-45.

[284] 齐丽斯.智慧城市发展对我国政府管理创新的影响[J].人民论坛,2015(08):26-28.

[285] 胡军燕,纪超逸.智慧城市建设背景下经济增长的多因素分析[J].统计与决策,2015(05):119-123.

[286] 魏晓燕.智慧城市建设中信息消费的风险及其规避分析[J].图书馆,2015(03):75-78.

[287] 甄峰,秦萧.大数据在智慧城市研究与规划中的应用[J].国际城市规划,2014,29(06):44-50.

[288] 贾童舒,刘叶婷.数据治理:提升城市现代化治理能力的新视角[J].领导科学,2014(35):4-7.

[289] 张健华,李娜.智慧城市理念下的政府网络舆情治理研究[J].理论与现代化,2014(06):79-83.

[290] 张立超,刘怡君,李娟娟.智慧城市视野下的城市风险识别研究:以智慧北京建设为例[J].中国科技论坛,2014(11):46-51.

[291] 郭理桥.城市发展与智慧城市[J].现代城市研究,2014(10):2-6.

[292] 徐翀.基于直觉模糊熵权法的智能变电站建设项目风险评价[J].华东电力,2014,42(07):1449-1451.

[293] 胡丽,陈友福.智慧城市建设不同阶段风险表现及防范对策[J].中国人口·资源与环境,2013,23(11):130-136.

[294] 吴正海,睢党臣.智慧城市建设路径初探[J].理论导刊,2013(10):53-55.

[295] 吴运建,孙成访.我国智慧城市建设的风险及应对策略[J].商业时代,2013(23):139-140.

[296] 明仲,王强.大数据助力智慧城市科学治理[J].深圳大学学报(人文社会科学版),2013,30(04):36-37.

[297] 吴标兵,林承亮,许为民.智慧城市发展模式:一个综合逻辑架构[J].科技进步与对策,2013,30(10):31-36.

[298] 何军.智慧城市顶层设计与推进举措研究:以智慧南京顶层设计主要思路及发展策略为例[J].城市发展研究,2013(7):72.

[299] 吴运建,丁有良,孙成访.基于复杂产品系统视角的智慧城市项目研究[J].城市发展研究,2013,20(04):83-88,98.

[300] 陈友福,张毅,杨凯瑞.我国智慧城市建设风险分析[J].中国科技论坛,2013(03):45-50.

[301] 张才明.基于物联网技术的智慧城管[J].工程研究:跨学科视野中的工程,2012,4(04):355-361.

[302] 王晰巍,王维,李连子.智慧城市演进发展及信息服务平台构建研究[J].图书情报工作, 2012,56(23):141-146,134.

[303] 王要武,吴宇迪.智慧建设理论与关键技术问题研究[J].科技进步与对策,2012,29(18): 13-16.

[304] 吕欣,韩晓露,郭晓萧,等.新型智慧城市网络安全协同防护框架研究[J].信息安全研究, 2021,7(11):1017-1022.

[305] 陈月华,陈发强,王佳实.新型智慧城市网络安全发展探析[J].信息安全研究,2022,8 (09):947-951.

[306] 原珂.智慧城市建设社会风险分析及防范策略探究[J].领导科学,2017(08):28-30

[307] 高凯,邹凯,蒋知义,等.智慧城市信息安全风险评估指标体系构建[J].现代情报,2022, 42(04):110-119.

[308] MAESTOSI P C. Smart cities and positive energy districts: Urban perspectives in 2020[J]. Energies,2021,14(9):2351.

[309] BLASI S, GANZAROLI A, DE NONI I. Smartening sustainable development in cities: Strengthening the theoretical linkage between smart cities and SDGs[J]. Sustainable Cities and Society,2022,80.

[310] YANG C, LIANG P, FU L, et al. Using 5G in smart cities: A systematic mapping study[J]. Intelligent Systems with Applications,2022,14.

[311] SWAIN A, SALKUTI S R, SWAIN K. An optimized and decentralized energy provision system for smart cities[J]. Energies,2021,14(5):1405-1451.

[312] A big data analytics architecture for smart cities and smart companies[J]. Big Data Research, 2021,24(5).

[313] HUTCHINSON P. Reinventing innovation management: the impact of self-innovating artificial intelligence[J]. IEEE Transactions on Engineering Management,2021,68(2):1-12.

[314] HEATON J, PARLIKAD A K. A conceptual framework for the alignment of infrastructure assets to citizen requirements within a smart cities framework[J]. Cities,2019,90: 32-41.

[315] KITCHIN R. Toward a genuinely humanizing smart urbanism[M]. The Right to the Smart City, Bingley, West Yorkshire: Emerald Publishing Limited,2019.

[316] VERREST H, PFEFFER K. Elaborating the urbanism in smart urbanism: distilling relevant dimensions for a comprehensive analysis of Smart City approaches[J]. Information, Communication & Society,2019,22(9):1328-1342.

[317] LUQUE-AYALA A, MARVIN S. Developing a critical understanding of smart urbanism[M]. Handbook of Urban Geography. Cheltenham: Edward Elgar Publishing,2019.

[318] CARDULLO P, KITCHIN R. Smart urbanism and smart citizenship: The neoliberal logic of citizen: focused smart cities in Europe[J]. Environment and Planning C: Politics and Space, 2019, 37(5):813-830.

[319] MREIJER A, THAENS M. Quantified street: Smart governance of urban safety[J]. The International Journal of Government & Democracy, 2018,11(23):29-41.

[320] PEREIRA G V, PAPYCEK P, FALCOE, et al. Smart governance in the context of smart cities: A literature review[J]. IOS Press,2018,33(23):143-162.

[321] TOWM, LEE P K C, LAM K H. Building professionals' intention to use smart and sustainable building technologies: An empirical study[J]. PLOS ONE,2018, 13(08):1-17.

[322] SARKER M N I, WU M, HOSSIN M A. Smart governance through bigdata: Digital transformation of public agencies[C]. International Conference on Artificial Intelligence and Big Data (ICAIBD). IEEE,2018:62-70.

[323] KUMMITHA R K R, CRUTZEN N. How do we understand smart cities? An evolutionary perspective[J]. Cities,2017,67:43-52.

[324] GROSSI G, PIANEZZI D. Smart cities: Utopia or neoliberal ideology? [J]. Cities,2017,69: 79-85.

[325] RUSSO F, RINDONE C, PANUCCIO. European plans for the smart city: from theories and rules to logistics test case[J]. European Planning Studies,2016,24(09):1709-1726.

[326] IANUALE N, SCHIAVON D, CAPOBIANCO E. Smart cities, big data, and communities: reasoning from the viewpoint of attractors[J]. IEEE Access,2016(04):41-47.

[327] DEWUS L, WITTE P, GEERTMAN S. How smart is smart? Theoretical and empirical considerations on implementing smart city objectives: a case study of Dutch railway station areas[J]. The European Journal of Social Science Research, 2016, 29(04): 422-439.

[328] BERGH J V D, VIAENE S. Unveiling smart city implementation challenges: The case of Ghent [J]. IOS Press,2016,62(21):5-19.

[329] VITALE P. & FARLANE C. Smart urbanism: Utopian vision or false dawn? [M]. London: Routledge,2015.

[330] SADOWSKI J, PASQUALE F. The spectrum of control: A social theory of the smart city[J]. First Monday,2015,20(7).

[331] CHING T Y, FERREIRA J. Smart cities: Concepts, perceptions and lessons for planners[M]. Planning support systems and smart cities, Springer, Cham, 2015:145-168.

[332] DATTA A. New urban utopias of postcolonial India: Entrepreneurial urbanization in Dholera smart city, Gujarat[J]. Dialogues in Human Geography, 2015, 5(1):3-22.

[333] HOLLANDS R G. Critical interventions into the corporate smart city[J]. Cambridge Journal of Regions, Economy and Society, 2015, 8(1):61-77.

[334] JUNG H L, MARGUERITE G H, MEI-CHIH H. Towards an effective framework for building smart cities: Lessons from Seoul and San Francisco[J]. Technological Forecasting & Social Change, 2014, 89:80-99.

[335] VANOLO A. Smartmentality: The smart city as disciplinary strategy[J]. Urban Studies, 2014, 51(5):883-898.

[336] KITCHIN R. The real-time city? Big data and smart urbanism[J]. Geo Journal, 2014, 79(1): 1-14.

[337] REDDICK C G, NORRIS D F. Social media adoption at the American grass roots: Web 2.0 or 1.5? [J]. Government Information Quarterly, 2013, 30(4).

[338] MULLIGAN C E A, OLSSON M. Architectural implications of smart city business models: an evolutionary perspective[J]. IEEE Communications Magazine, 2013, 51(6): 80-85.

[339] MASON K, SPRING M. The sites and practices of business models[J]. Industrial Marketing Management, 2011, 40(6):1032-1041.

[340] HOLLANDS R G. Will the real smart city please stand up? Intelligent, progressive or entrepreneurial? [J]. City, 2008, 12(3):303-320.

[341] ATANASSOV K T. Intuitionistic fuzzy sets[J]. Fuzzy Set and Systems, 1986, 20(1):87-96.

[342] DE GUIMARAES J C F, SEVERO E A, JUNIOR A F, et al. Governance and quality of life in smart cities: towards sustainable development goals[J]. Journal of Cleaner Production, 2020, 253:119926.

[343] COLDING J, WALLHAGEN M, SORQVIST P, et al. Applying a systems perspective on the notion of the smart city[J]. Smart Cities, 2020, 3(2):420-429.

[344] BONAB A B, BELLINI F, RUDKO I. Theoretical and analytical assessment of smart green cities[J]. Journal of Cleaner Production, 2023, 410(5):1-13.

[345] ARKU R N, BUTTAZZONI A, AGYAPON-NTRA K, et al. Highlighting smart city mirages in public perceptions: a Twitter sentiment analysis of four African smart city projects[J]. Cities, 2022, 130(11):103857.

[346] RJAB A B, MELLOULI S, CORBETT J. Barriers to artificial intelligence adoption in smart cities: a systematic literature review and research agenda[J]. Government Information Quarterly, 2023.

[347] BRANNY A, MOLLER M S, KORPILO S, et al. Smarter greener cities through a social-ecological-technological systems approach[J]. Current Opinion in Environmental Sustainability, 2022,55:101168.

[348] ESASHIKA D, MASIEROG, MAUGER Y. An investigation into the elusive concept of smart cities: a systematic review and meta-synthesis[J]. Technology Analysis & Strategic Management, 2021,33(8):957-969.

[349] CHEN L P. Coordinated development of smart city and regional industrial economy under the background of internet of things[J]. Mobile Information Systems,2022(7):1-8.

[350] SUN M L, ZHANG J. Research on the application of block chain big data platform in the construction of new smart city for low carbon emission and green environment[J]. Computer Communications,2020,149(1):332-342.

[351] RANCHORDAS S, GOANTA C. The New City Regulators: Platform and Public Values in Smart and Sharing Cities[J]. Computer Law & Security Review,2020,36:105375.

[352] BANACH M, DLUGOSZ R. A novel approach to cities' assessment in terms of their implementation of smart city idea[J]. Journal of Computational and Applied Mathematics, 2023, 428(8):115161.

[353] CHEN W Q, ZHAO W C, ZHANG X Y. Study on the Construction of New Smart-City in Nanning Based on Principal Component Analysis[J]. Ecological Economy,2019,35(4):99-103.

[354] GUO Q B, ZHONG J R. The effect of urban innovation performance of smart city construction policies: Evaluate by using a multiple period difference-in-differences model[J]. Technological Forecasting and Social Change,2022,184(11): 122003.

[355] DUQUE J. The IoT to Smart Cities - A design science research approach[J]. Procedia Computer Science,2023,219:279-285.

[356] CHEN P Y, DAGESTANI A A. Urban planning policy and clean energy development Harmony- evidence from smart city pilot policy in China[J]. Renewable Energy, 2023, 210: 251-257.

[357] ZAFAR S, HUSSAIN R, HUSSAIN F, et al. Interplay between big spectrum data and mobile internet of things: Current solutions and future challenges[J]. Computer Networks,2019,163(11):106879.

[358] DIXIT A, SHAW R. Smart cities in Nepal: The concept, evolution and emerging patterns[J]. Urban Governance,2023,In Press.

[359] ALIZADEH H, SHARIFI A. Toward a societal smart city: Clarifying the social justice dimension of smart cities[J]. Sustainable Cities and Society,2023,95(8):104612.

[360] ABU-RAYASH A, DINCER I. Development and application of an integrated smart city model [J]. Heliyon,2023,9(4):e14347.

[361] KIM J, LEE J M, KANG J. Smart cities and disaster risk reduction in South Korea by 2022: The case of Daegu[J]. Heliyon,2023,9(8):e18794.

[362] SPICER Z, GOODMAN N, WOLFE D A. How "smart" are smart cities? Resident attitudes towards smart city design[J]. Cities,2023,141(10):104442.

附录一　中国智慧城市主要政策

时间	部　门	文件/会议	主要内容	意　义
2009.7	住房城乡建设部	关于印发《数字化城市管理模式建设导则(试行)》的通知	建设内容:机制创新是实施核心;高效监督是实施根本;标准贯彻是实施基础;技术集成是实施保障	为更好地推广数字城管的基本经验,提高系统建设质量和效益,确保数字城管建设健康发展的指导性文件
2012.11	住房城乡建设部	《国家智慧城市试点暂行管理办法》	智慧城市建设是贯彻党中央、国务院关于创新驱动发展、推动新型城镇化、全面建成小康社会的重要举措,为加强现代科学技术在城市规划、建设、管理和运行中的综合应用。整合信息资源,提升城市管理能力和服务水平,促进产业转型,指导国家智慧城市试点申报和实施管理,制定本办法	推进智慧城市试点的重要举措
2013.1	住房城乡建设部	国家智慧城市试点创建工作会议	公布首批国家智慧城市试点名单:90个,其中地级市37个,区(县)50个,镇3个(四川省包括雅安市、成都市温江区、郫都区)	明确90个国家首批智慧城市试点城市
2013.5	住房城乡建设部办公厅	《关于开展国家智慧城市2013年度试点申报工作的通知》	启动了第二批国家智慧城市试点申报工作,经过地方城市申报、省级住房城乡建设主管部门初审、专家综合评审等程序,103个城市(区、县、镇)为2013年度国家智慧城市试点,包括83个市、区,20个县、镇以及在2012年首批试点基础上扩大范围的9个市、区	增加103个城市(区、县、镇)试点
2013.8	国务院	《关于促进信息消费扩大内需的若干意见》	明确提出要加快智慧城市建设,并提出在有条件的城市开展智慧城市试点示范建设;鼓励各类市场主体共同参与智慧城市	国务院明确提出要加快智慧城市建设

续上表

时间	部门	文件/会议	主要内容	意义
2013.10	科技部办公厅、国家标准委办公室	《关于开展智慧城市试点示范工作的通知》	公布南京、大连、青岛、成都等20个试点城市	确定国家"智慧城市"技术和20个全国标准试点城市
2013.10	国家发展和改革委员会	《关于组织开展2014—2016年国家物联网重大应用示范工程区域试点工作的通知》	做好与10个物联网发展专项行动计划重点任务的衔接,加强与国家创新型城市、智慧城市、云计算示范城市和下一代互联网示范城市等工作的统筹协调推进	推进物联网产业持续、健康发展,将重点支持示范效果突出、产业带动性强、推广潜力大的应用示范项目
2014.3	中共中央、国务院	《国家新型城镇化规划(2014—2020年)》	推进智慧城市建设,指出智慧城市建设方向包括:信息网络宽带化、规划管理信息化、基础设施智能化、公共服务便捷化、产业发展现代化、社会治理精细化。统筹城市发展的物质资源、信息资源和智力资源利用,推动物联网、云计算、大数据等新一代信息技术创新应用,实现与城市经济社会发展深度融合	首次把智慧城市建设引入国家战略规划,并指明智慧城市建设方向
2014.8	国家发展和改革委员会联合七部委	《关于促进智慧城市健康发展的指导意见的通知》	到2020年,建成一批特色鲜明的智慧城市,聚集和辐射带动作用大幅增强,综合竞争优势明显提高,在保障和改善民生服务、创新社会管理、维护网络安全等方面取得显著成效	是全面指导我国智慧城市健康发展的系统性政策文件;成立"促进智慧城市健康发展部际协调工作组",参与探索智慧城市建设的主管部门扩大
2014.10	国家发展和改革委员会等26部委	《促进智慧城市健康发展部际协调工作制度及2014—2015年工作方案》	国家层面成立部际工作组,目标:到2020年建成一批特色鲜明的智慧城市	国家层面成立部际工作组,参与探索智慧城市建设的主管部门扩大至25个部门,并明确牵头部门为发改委和中央网信办

续上表

时间	部　　门	文件/会议	主要内容	意　　义
2015.4	住房城乡建设部办公厅、科学技术部	《关于公布国家智慧城市 2014 年度试点名单的通知》	确定北京市门头沟区等 84 个城市（区、县、镇）为国家智慧城市 2014 年度新增试点，河北省石家庄市正定县等 13 个城市（区、县）为扩大范围试点，航天恒星科技有限公司等单位承建的 41 个项目为国家智慧城市 2014 年度专项试点	增加 84 个城市（区、县、镇）试点，13 个城市（区、县）为扩大范围试点
2015.7	国务院	《国务院关于积极推进"互联网 +"行动的指导意见》	加快制定融合标准。按照共性先立、急用先行的原则，引导工业互联网、智能电网、智慧城市等领域基础共性标准、关键技术标准的研制及推广。依托互联网平台提供人工智能公共创新服务，加快人工智能核心技术突破，促进人工智能在智能家居、智能终端、智能汽车、机器人等领域的推广应用，培育若干引领全球人工智能发展的骨干企业和创新团队，形成创新活跃、开放合作、协同发展的产业生态	加快推动互联网与各领域深入融合和创新发展的政策
2015.11	国家标准委、中央网信办、国家发展和改革委员会	《关于开展智慧城市标准体系和评价指标体系建设及应用实施的指导意见》	到 2020 年累计共完成 50 项左右的智慧城市领域标准制定工作，共同推进现有智慧城市相关技术和应用标准的制修订工作；到 2020 年实现智慧城市评价指标体系的全面实施和应用	智慧城市标准体系和评价指标体系是引导全国各地智慧城市健康发展的重要手段
2015.12	中共中央、国务院	《关于深入推进城市执法体制改革改进城市管理工作的指导意见》	到 2017 年底，实现市、县政府城市管理领域的机构综合设置。到 2020 年，城市管理法律法规和标准体系基本完善，执法体制基本理顺，机构和队伍建设明显加强，保障机制初步完善，服务便民高效，现代城市治理体系初步形成，城市管理效能大幅提高，人民群众满意度显著提升	为了改进城市管理工作而制定的法规；明确主管部门为国务院住房和城乡建设主管部门，负责对全国城市管理工作的指导，研究拟定有关政策，制定基本规范，做好顶层设计

续上表

时间	部门	文件/会议	主要内容	意义
2015.12	中共中央	中央城市工作会议	要把握好城市发展规律，彻底改变粗放型管理方式，为人民群众提供精细的城市管理	提出城市管理由粗放型向精细化管理转变
2016.2	中共中央、国务院	《关于进一步加强城市规划建设管理的若干意见》	到2020年，建成一批特色鲜明的智慧城市，通过智慧城市建设和其他一系列城市规划建设管理措施，不断提高城市运行	明确城市建设管理工作的指导思想、总体目标和基本原则
2016.2	国务院	《关于深入推进新型城镇化建设的若干意见》	坚持适用、经济、绿色、美观方针，提升规划水平，增强城市规划的科学性和权威性，促进"多规合一"，全面开展城市设计，加快建设绿色城市、智慧城市、人文城市等新型城市，全面提升城市内在品质	国务院全面部署深入推进新型城镇化建设
2016.3	中共中央、国务院	《中华人民共和国国民经济和社会发展第十三个五年规划纲要》	建设和谐宜居城市：根据资源环境承载力调节城市规模，实行绿色规划、设计、施工标准，实施生态廊道建设和生态系统修复工程，建设绿色城市。加快现代信息基础设施建设，推进大数据和物联网发展，建设智慧城市。以基础设施智能化、公共服务便利化、社会治理精细化为重点，充分运用现代信息技术和大数据，建设一批新型示范性智慧城市。提升城市治理水平，创新城市治理方式，改革城市管理和执法体制，推进城市精细化、全周期、合作性管理	将建设智慧城市列为信息城镇化重要工程
2016.5	住房城乡建设部	《关于开展智慧城市创建工作情况总结的通知》	总结过去的试点情况，智慧城市主管工作随即转向发改委和网信办	总结试点工作，并正式变更智慧城市主管部门
2016.7	中共中央办公厅、国务院办公厅	《国家信息化发展战略纲要》	加强顶层设计，提高城市基础设施、运行管理、公共服务和产业发展的信息化水平，分级分类推进新型智慧城市建设	规范和指导未来10年国家信息化发展的纲领性文件

续上表

时间	部门	文件/会议	主要内容	意义
2016.8	国家发展和改革委员会、中央网信办	《新型智慧城市建设部际协调工作组 2016 年—2018 年工作分工的通知》	明确部际协调工作组中 25 个成员部门的任务职责,共计 26 项;从 11 月份组织开展新型智慧城市评价工作,政策基调由大范围鼓励转向质量把控	对未来三年我国新型智慧城市建设进行了总体部署
2016.9	国务院	《政务信息资源共享管理暂行办法》	明确提出"以共享为原则、不共享为例外"的政务信息资源共享	提出加快推动政务信息系统互联和公共数据共享的重要文件
2016.9	国务院	《关于加快推进"互联网+政务服务"工作的指导意见》	明确提出要加快新型智慧城市建设,要求各地区各部门加强统筹,注重实效,分级分类推进新型智慧城市建设,打造透明高效的服务性政府	对推动我国"互联网+政务服务"工作指明了方向并作出了全面部署
2016.11	国家发展和改革委员会办公厅、中央网信办秘书局、国家标准委办公室	《关于组织开展新型智慧城市评价工作务实推动新型智慧城市建设快速发展的通知》	为贯彻落实"十三五"规划提出的建设一批新型示范性智慧城市的任务,研究制定了新型智慧城市评价指标。一是以评价工作为指引,明确智慧城市工作方向;二是以评价工作为手段,提升城市便民惠民水平;三是以评价工作为抓手,促进新型智慧城市经验共享和推广	在开展新型智慧城市建设、加强智慧城市顶层设计、指导各地区推进政务大数据应用、推进各行业的智慧应用等方面作出了明确的部署,确定了各部门的主要任务及时限要求,确保形成部门工作合力
2016.12	国家质量监督检验检疫总局、国家标准委	GB/T 33356—2016《新型智慧城市评价指标体系》	按照"以人为本、惠民便民、绩效导向、客观量化"的原则制定,包括客观指标、主观指标、自选指标三部分	第一份智慧城市标准文件发布并实施,为智慧城市建设提供了必要依据和规范
2016.12	国务院	《"十三五"国家信息化规划》	确定了新一代信息网络技术超前部署、北斗系统建设应用、应用基础设施建设、数据资源共享开放、"互联网+政务服务"、美丽中国信息化、网络扶贫、新型智慧城市建设、网上丝绸之路建设、繁荣网络文化、在线教育普惠、健康中国信息服务 12 项优先行动	正式提出新型智慧城市建设行动,分级分类推进新型智慧城市建设,明确牵头单位为发改委和网信办

续上表

时间	部门	文件/会议	主要内容	意义
2017.1	中共中央、国务院	《关于促进移动互联网健康有序发展的意见》	加快建设并优化布局内容分发网络、云计算及大数据平台等新型应用基础设施。加快实施"互联网+"行动计划、国家大数据战略,大力推动移动互联网和农业、工业、服务业深度融合发展	从推动移动互联网创新发展、强化移动互联网驱动引领作用、防范移动互联网安全风险等几个方面,为促进我国移动互联网健康有序发展提出了意见
2017.1	国务院	《国家突发事件应急体系建设"十三五"规划》	完善国家网络安全保障体系,提高关键信息基础设施的风险防控能力,保障金融、电力、通信、交通等基础性行业业务系统安全平稳运行。加强国家主干公路网、高速铁路网、内河高等级航道网、航空运输、卫星通信等交通安全信息监控能力建设,实现对运行状态的动态监控。加强对公共交通和人员密集场所的大客流监控	明确了建立健全突发事件风险评估标准规范,开展突发事件风险评估,建立完善重大风险隐患数据库,实现各类重大风险和隐患的识别、评估、监控、预警、处置等全过程动态管理的主要任务,为智慧城市的发展提供保障
2017.1	交通运输部	《推进智慧交通发展行动计划(2017—2020年)》	加快智慧交通建设,提升基础能力,加强集成应用,有效提升交通运输数字化、网络化、智能化水平。加快云计算、大数据等现代信息技术的集成创新与应用	对推进交通基础设施智能化管理具有重要意义
2017.4	公安部	《公安科技创新"十三五"专项规划》	促进技术与装备应用的智能化、数据化、网络化、集成化、移动化;提升公安工作智能感知、立体防控、快速处置与精准服务能力;推动风险防控从被动响应向主动预防转变、指挥决策从经验驱动向数据驱动转变、安全治理从人力密集向科技集约转变	促进城市精准治理的实现

续上表

时间	部门	文件/会议	主要内容	意义
2017.5	国务院	《政务信息系统整合共享实施方案》	2017年12月底前基本完成国务院部门内部政务信息系统整合清理工作,政务信息系统整合共享在一些重要领域取得显著成效,一些涉及面宽、应用广泛、有关联需求的重要信息系统实现互联互通。2018年6月底前实现各部门整合后的政务信息系统统一接入国家数据共享交换平台,各省(自治区、直辖市)结合实际,参照本方案统筹推进本地区政务信息系统整合共享工作,初步实现国务院部门和地方政府信息系统互联互通	推动政务信息资源整合共享的又一重要文件
2017.7	国务院	《新一代人工智能发展规划》	构建城市智能化基础设施,发展智能建筑,推动地下管廊等市政基础设施智能化改造升级;建设城市大数据平台,构建多元异构数据融合的城市运行管理体系;研发构建社区公共服务信息系统,促进社区服务系统与智能家庭系统协同;推进城市规划、建设、管理、运营全生命周期智能化	我国在人工智能领域进行的第一个系统部署的文件,为智慧城市发展提供基础设施的智能化保障
2017.8	住房城乡建设部	《住房城乡建设科技创新"十三五"专项规划》	推动城市基础设施建设运行智能化,建设大数据环境下开放式动态交互的交通网络精细化仿真系统和服务平台,发展物联网支撑的智能建筑技术,实现建筑设施和设备的节能、安全管控智能化。提高绿色建筑技术集成度,发展新型高性能建筑结构体系和机电设备系统	分别从规划设计技术、智能化技术、节能减排技术、技术集成应用、绿色建筑技术体系、绿色建造方式、经济适用技术、创新能力建设八方面提出了具体要求,为智慧城市建设提供技术支持

续上表

时间	部门	文件/会议	主要内容	意义
2017.10	中央委员会	《十九大报告》	加强应用基础研究,拓展实施国家重大科技项目,突出关键共性技术、前沿引领技术、现代工程技术、颠覆性技术创新,为建设科技强国、质量强国、航天强国、网络强国、交通强国、数字中国、智慧社会提供有力支撑	明确提出"智慧社会"
2017.10	国家质量监督检验检疫总局、国家标准委	GB/T 34678—2017《智慧城市 技术参考模型》	给出了智慧城市概念参考模型框架规定了信息通信技术(ICT)支撑的智慧城市业务框架、知识管理参考模型和技术参考模型,以及智慧城市建设的技术原则和要求	适用于智慧城市ICT的整体规划及具体项目的规划、设计、建设与运维
2017.12	工业和信息化部	《促进新一代人工智能产业发展三年行动计划(2018—2020年)》	针对产业发展的关键薄弱环节,集中优势力量和创新资源,支持重点领域人工智能产品研发,加快产业化与应用部署,带动产业整体提升。发挥政策引导作用,促进产学研用相结合,支持龙头企业与上下游中小企业加强协作,构建良好的产业生态。加强国际合作,推动人工智能共性技术、资源和服务的开放共享。完善发展环境,提升安全保障能力,实现产业健康有序发展	把握人工智能发展趋势,立足国情和各地区的产业现实基础,顶层引导和区域协作相结合,加强体系化部署,做好分阶段实施,为智慧城市建设提供新一代人工智能产业体系
2018.6	国家市场监督管理总局、国家标准委	GB/T 36333—2018《智慧城市 顶层设计指南》	制定智慧城市顶层设计的具体要求,并制定适用于智慧城市的顶层设计,指导信息化领域的顶层设计	给出了智慧城市顶层设计的总体原则、基本过程及具体建议
2018.6	国家市场监督管理总局、国家标准委	GB/T 36334—2018《智慧城市 软件服务预算管理规范》	规定智慧城市软件服务的范围、成本构成和预算管理的基本过程	指导智慧城市软件服务预算的编制和应用管理

续上表

时间	部门	文件/会议	主要内容	意义
2018.7	工业和信息化部、应急管理部、财政部、科技部	《关于加快安全产业发展的指导意见》	加快先进安全产品研发和产业化。在城市安全领域，重点发展高危场所、高层建筑、超大综合体、城管网、地下空间、人员密集场所等方面的监测预警产品，重点发展智能化巡检、集成式建筑施工平台、智能安防系统等安全防控产品	为智慧城市建设提供安全保障
2018.7	国务院	《国务院关于加快推进全国一体化在线政务服务平台建设的指导意见》	要求2022年底前实现全国一体化在线政务服务平台建设，全国范围内，除法律法规另有规定或涉及国家秘密等外，政务服务事项全部纳入平台办理，全面实现"一网通办"	加快建设全国一体化在线政务服务平台，提出五年四阶段的工作目标
2018.8	工信部	工信部新闻发布会	强化部省合作联动，加快打造一批特色突出、辐射带动作用明显的人工智能产业集群，并利用人工智能等新技术打造一批智慧城市	突出利用人工智能等新技术打造智慧城市，标志着人工智能进入2.0时代
2018.10	国家市场监督管理总局、国家标准委	《智慧城市信息技术运营指南》	提供了智慧城市运营的总体框架及ICT基础设施运营、数据运营、信息系统运营、安全运营等方面的相关建议	确保智慧城市运行安全性、高效性的文件
2018.11	工业和信息化部	《工业通信业标准化工作服务于"一带一路"建设的实施意见》	在智慧城市领域，逐步完善我国智慧城市相关顶层设计及智慧成熟度分级分类评价标准体系的基础上，推动建立面向"一带一路"沿线国家的智慧城市建设标准对接合作沟通机制；加强与东盟、中亚、海湾等沿线重点国家和地区的标准化合作，推进智慧城市建设标准互认；加强基于云计算、大数据环境下的电子商务领域标准化合作，推动电子数据交换协议标准研制与互认，加快电子商务领域追溯体系标准建设，实现追溯数据共享交换	推动我国智慧城市建设的标准化与推广

续上表

时间	部门	文件/会议	主要内容	意义
2018.12	国家发展和改革委员会、中央网信办秘书局	《国家发展和改革委员会 中央网信办秘书局关于继续开展新型智慧城市建设评价工作 深入推动新型智慧城市健康快速发展的通知》	国家发展和改革委员会、中央网信办会同部际协调工作组成员单位共同组织开展本次评价工作。评价指标由基础评价指标和市民体验指标两部分组成	大力发展数字经济，有力支撑智慧社会建设，引导各地有序推进新型智慧城市建设
2018.12	中共中央	中央经济工作会议	加快5G商用步伐，加强人工智能、工业互联网、物联网等新兴基础设施建设	首次提出新型基础设施建设
2019.1	自然资源部	《智慧城市时空大数据平台建设技术大纲(2019版)》	在数字城市地理空间框架的基础上，依托城市云支撑环境，实现向智慧城市时空大数据平台的提升，开发智慧专题应用系统，为智慧城市时空大数据平台的全面应用积累经验。凝练智慧城市时空大数据平台建设管理模式、技术体系、运行机制、应用服务模式和标准规范及政策法规	为推动全国数字城市地理空间框架建设向智慧城市时空大数据平台的升级转型奠定基础
2019.3	国务院	政府工作报告会议	提出深入推进新型城市化，新型城镇化要处处体现以人为核心，提高柔性化治理、精细化服务水平，让城市更加宜居，更具包容和人文关怀	强调智慧城市要柔性化治理，区别于2017年提出的人性化管理
2019.4	国家发展和改革委员会	《2019年新型城镇化建设重点任务》	重点抓好在城镇就业的农业转移人口落户工作，推动1亿非户籍人口在城市落户目标取得决定性进展，培育发展现代化都市圈，推进大城市精细化管理，支持特色小镇有序发展，加快推进城乡融合发展，实现常住人口和户籍人口城镇化率均提高1个百分点以上	加快实施以促进人的城镇化为核心、提高质量为导向的新型城镇化战略

续上表

时间	部门	文件/会议	主要内容	意义
2019.10	中共中央	《中共中央关于坚持和完善中国特色社会主义制度 推进国家治理体系和治理能力现代化若干重大问题的决定》	完善国家行政体制;深化行政执法体制改革,最大限度减少不必要的行政执法事项。进一步整合行政执法队伍,继续探索实行跨领域跨部门综合执法,推动执法重心下移,提高行政执法能力水平。落实行政执法责任制和责任追究制度。创新行政管理和服务方式,加快推进全国一体化政务服务平台建设,健全强有力的行政执行系统,提高政府执行力和公信力。推进生态环境保护综合行政执法,落实中央生态环境保护督察制度	提出加快推进全国一体化政务服务平台建设,健全强有力的行政执行系统
2019.12	国务院	《关于支持国家级新区深化改革创新加快推动高质量发展的指导意见》	深入推进智慧城市建设,提升城市精细化管理水平。优化主城区与新区功能布局,推动新区有序承接主城区部分功能。提高新区基础设施和公共服务设施建设水平,增强教育、医疗、文化等配套功能	再次强调深入推进智慧城市建设,提升城市精细化管理水平
2020.3	中央政治局常务委员会	中央政治局常务委员会会议	加快5G网络、数据中心等新型基础设施建设进度	强调加快新型基础设施建设
2020.3	住房和城乡建设部	《关于开展城市综合管理服务平台建设和联网工作的通知》	搭建国家、省级、市级平台,2020年底前,主要地级以上城市平台与国家平台联网,有条件的省级平台与国家平台、所辖市级平台联网。2021年底前,实现省级平台、市级平台与国家平台互联互通	全面开展城市综合管理服务平台建设和联网工作
2020.4	国家市场监督管理总局、国家标准委	《信息安全技术智慧城市建设信息安全保障指南》	提供了智慧城市建设全过程的信息安全保障指导,包括智慧城市建设从规划与需求分析、设计、实施施工、检测验收、运营维护、监督检查与评估到优化与持续改进的全过程信息安全保障的管理机制与技术规范	为智慧城市建设信息安全相关标准的制定提供依据和参考

续上表

时间	部门	文件/会议	主要内容	意义
2020.4	国家发展和改革委员会	《2020 年新型城镇化建设和城乡融合发展重点任务》	完善城市数字化管理平台和管制系统,打通社区末端、织密数字网格,整合卫生健康、公共安全、应急管理、交通运输等领域信息系统和数字资源,深化政务服务"一网通办"、城市运行"一网统管",支撑城市健康高效运行和突发事件快速智能响应。(发展改革委、卫生健康委、公安部、住房城乡建设部、应急管理部、交通运输部、省级有关部门等负责)	提出实施新型智慧城市行动
2020.5	中共中央、国务院	《中共中央 国务院关于新时代加快完善社会主义市场经济体制的意见》	加快培育发展数据要素市场,建立数据资源清单管理机制,完善数据权属界定、开放共享、交易流通等标准和措施,发挥数据资源价值。推进数字政府建设,加强数据有序共享,依法保护个人信息	强调推进数据政府建设
2020.5	国家发展和改革委员会	《2020 年国民经济和社会发展计划草案》	实施扩大内需战略,释放消费潜力,加速 5G 网络建设和场景应用,完善新型基础设施布局;积极扩大有效投资,出台推动新型基础设施建设的相关政策文件,推进 5G、物联网、车联网、工业互联网、人工智能、一体化大数据中心等新型基础设施投资	强调新型基础设施建设
2020.7	国家发展和改革委员会办公厅	《关于加快落实新型城镇化建设补短板强弱项工作有序推进县城智慧化改造的通知》	通过加强组织领导、落实资金支持、强化示范引领、加强评价指导等工作举措,夯实新型基础设施支撑、提升公共服务治理水平、优化产业发展数字环境、强化网络安全能力保障	深入实施新型城镇化战略,持续推进新型智慧城市分级分类建设

续上表

时间	部门	文件/会议	主要内容	意义
2020.10	中共中央	《中共中央关于制定国民经济和社会发展第十四个五年规划和二〇三五年远景目标的建议》	加强和创新社会治理:推动社会治理重心向基层下移,向基层放权赋能,加强城乡社区治理和服务体系建设,减轻基层特别是村级组织负担,加强基层社会治理队伍建设,构建网格化管理、精细化服务、信息化支撑、开放共享的基层管理服务平台;加强和创新市域社会治理,推进市域社会治理现代化。数字化助推城乡发展和治理模式创新,全面提高运行效率和宜居度。分级分类推进新型智慧城市建设,将物联网感知设施、通信系统等纳入公共基础设施统一规划建设,推进市政公用设施、建筑等物联网应用和智能化改造	对进一步提升城市发展质量作出重大决策部署。为"十四五"做好城市工作指明方向,明确目标任务
2020.11	住房城乡建设部	《实施城市更新行动》	推进基于信息化、数字化、智能化的新基建建设和改造,全面提升城市建设水平和运行效率。城市治理是国家治理体系和治理能力现代化的重要内容,要大幅提升城市科学化、精细化、智能化治理水平,提高特大城市风险防控能力	强调加快信息化、数字化、智能化等基础设施对推进新型智慧城市建设的作用
2020.11	国家信息中心	《全光智慧城市白皮书》	通过阐述F5G(第五代固定宽带网络)技术演进与技术优势,加速全光基础设施的部署升级,以高质量连接构筑城市智慧,推动基于智慧城市的创新应用场景	首次提出全光智慧城市的发展理念
2020.11	工信部中国电子技术标准化研究院	《数字孪生应用白皮书2020版》	对当前我国数字孪生的技术热点、应用领域、产业情况和标准化进行了分析,同时收录了在智慧城市、智慧交通6大领域的31个应用案例	新基建背景下的重要研究成果,反映出数字孪生对于我国经济社会发展的影响日益深刻

时间	部门	文件/会议	主要内容	意义
2020.12	工业互联网专项工作组	《工业互联网创新发展行动计划（2021—2023年)》	培育一批系统集成解决方案供应商，拓展冷链物流、应急物资、智慧城市等领域规模化应用。支持第一产业、第三产业推广基于工业互联网的先进生产模式、资源组织方式、创新管理和服务能力，打造跨产业数据枢纽与服务平台，形成产融合作、智慧城市等融通生态	通过培育一批系统集成解决方案供应商，拓展智慧城市领域的规模化应用
2021.1	商务部等19部门	《关于促进对外设计咨询高质量发展有关工作的通知》	积极参与新基建和传统基础设施升级改造，在低能耗建筑、智慧城市开发等先进工程领域积累经验，加快形成参与国际竞争的新优势	强调新基建的建设与传统基建的升级改造
2021.1	住房城乡建设部	《关于加强城市地下市政基础设施建设的指导意见》	运用5G、物联网、人工智能、大数据、云计算等技术，提升城市地下市政基础设施数字化、智能化水平。有条件的城市可以搭建供排水、燃气、热力等设施感知网络，建设地面塌陷隐患监测感知系统，实时掌握设施运营状况，实现对地下市政基础设施的安全监测与预警	强调推动数字化、智能化建设，充分挖掘利用数据资源，提高设施运行效率和服务水平，辅助优化设施规划建设管理
2021.2	国务院	《关于新时代支持革命老区振兴发展的意见》	推动信息网络等新型基础设施建设，加快打造智慧城市，提升城市管理和社会治理的数字化、智能化、精准化水平	将支持革命老区振兴发展纳入国家重大区域战略和经济区、城市群、都市圈相关规划并放在突出重要位置
2021.2	中共中央、国务院	《国家综合立体交通网规划纲要》	坚持创新核心地位，注重科技赋能，促进交通运输提效能、扩功能、增动能。推进交通基础设施数字化、网联化，提升交通运输智慧发展水平	强调交通运输的智慧化发展

续上表

时间	部门	文件/会议	主要内容	意义
2021.3	国家发展和改革委员会	《中华人民共和国国民经济和社会发展第十四个五年规划和2035年远景目标纲要》	提出要加快数字社会建设步伐,适应数字技术全面融入社会交往和日常生活新趋势,以数字化助推城乡发展和治理模式创新,分级分类推进新型智慧城市建设,推进市政公用设施、建筑等物联网应用和智能化改造,推进智慧社区建设	推动建设制造强国、网络强国、数字中国赋能实体经济高质量发展
2021.4	住房城乡建设部等16部门	《关于加快发展数字家庭提高居住品质的指导意见》	推进数字家庭系统基础平台与新型智慧城市"一网通办""一网统管"、智慧物业管理、智慧社区信息系统以及社会化专业服务等平台的对接	响应国家数字经济战略、实现经济转型升级和数字经济目标的重要政策
2021.4	国家发展和改革委员会	《2021年新型城镇化和城乡融合发展重点任务》	提出要建设新型智慧城市,建设"城市数据大脑"等数字化智慧化管理平台,推动数据整合共享,提升城市运行管理和应急处置能力,全面推行城市运行"一网统管",拓展丰富智慧城市应用场景	"建设新型智慧城市"列入2021年新型城镇化和城乡融合发展重点任务
2021.8	国家发展和改革委员会	《关于推广第三批国家新型城镇化综合试点等地区经验的通知》	坚持人民城市人民建、人民城市为人民,着力建设宜居、人性、创新、智慧、绿色、人文城市,不断推进城市治理体系和治理能力现代化	在2019、2020年第一、二批试点基础上,推广第三批试点经验,为全国新型城镇化高质量发展提供可复制的经验和模式
2022.3	国家发展和改革委员会	《2022年新型城镇化和城乡融合发展重点任务》	加快构建城市级大数据综合应用平台,打通城市数据感知、分析、决策、执行环节。推进市政公用设施及建筑等物联网应用、智能化改造,促进学校、医院、养老院、图书馆等资源数字化。推进政务服务智慧化	提出建设"城市数据大脑"

(资料来源:根据国家发改委、中国政府网、前瞻研究院等公开资料综合整理。)

附录二　移动互联网情境下新型智慧城市建设影响因素调查

尊敬的先生/女士,您好!

首先感谢您在百忙之中接受我们的调查,您的意见将对我们的研究产生重大的意义。本问卷用于移动互联网情境下新型智慧城市建设影响因素的调查,信息的收集和处理采用匿名方式,本调查仅用于学术研究,不涉及任何商业行为,您的问卷内容将被严格保密。

对于您的支持与帮助,深表谢意!

基本信息

1. 您的性别:[单选题] *

○男　　　　　　　　○女

2. 您的年龄段:[单选题] *

○18 岁以下　　　○18~25　　　○26~30　　　○31~40

○41~50　　　　○51~60　　　○60 以上

3. 您目前的职业是:[单选题] *

○政府部门人员

○社会大众

○社会服务人员

○信息技术人员

○城市规划建设人员

○大学教师

○其他＿＿＿＿＿＿＿＿＿

4. 您目前从事的行业:[单选题] *

○IT/软硬件服务/电子商务/因特网运营

○教育/培训/科研/院校

○通信/电信运营/网络设备/增值服务

○制造业

○餐饮/娱乐/旅游/酒店/生活服务

○电子技术/半导体/集成电路

○制药/生物工程/医疗设备/器械

○医疗/护理/保健/卫生

○房地产开发/建筑工程/装潢/设计

○交通/运输/物流

○其他行业

5. 您对新型智慧城市的熟悉程度［单选题］*

○很熟悉

○比较熟悉

○一般熟悉

○不太熟悉

○完全不熟悉

请您判断以下测量题项与治理体系、基础设施、技术支持、经济要素、数据应用、建设水平六个指标的符合程度,1 至 5 依次表示"很不符合""不太符合""基本符合""比较符合""非常符合"。

新型智慧城市建设水平的影响因素［矩阵量表题］*

	1	2	3	4	5
治理体系					
城市平台数量	○	○	○	○	○
联合办公企业注册量	○	○	○	○	○
电子政务发展指数	○	○	○	○	○
基础设施					
移动电话基站数	○	○	○	○	○
移动互联网接入流量	○	○	○	○	○
移动互联网用户	○	○	○	○	○
移动电话年末用户	○	○	○	○	○
移动电话交换机容量	○	○	○	○	○
移动电话普及率	○	○	○	○	○
技术支持					
软件业务收入	○	○	○	○	○
信息技术服务收入	○	○	○	○	○
技术市场成交额	○	○	○	○	○
电子及通信设备制造业高技术产业专利申请数	○	○	○	○	○

续上表

	1	2	3	4	5
经济要素					
数字经济规模	○	○	○	○	○
电子及通信设备制造业高技术产业 R&D 经费支出	○	○	○	○	○
信息传输、软件和信息技术服务业电子商务采购额	○	○	○	○	○
数据应用					
数据中心机架规模	○	○	○	○	○
开放数据指数	○	○	○	○	○
建设水平					
国内生产总值	○	○	○	○	○
计算机、通信和其他电子设备制造业利润总额	○	○	○	○	○
高技术产业主营业务收入占制造业的比重	○	○	○	○	○

除以上因素，您认为还有其他影响因素的补充 [填空题] *

_____

该因素的影响程度[矩阵量表题] *

	1	2	3	4	5
补充因素 1	○	○	○	○	○
补充因素 2	○	○	○	○	○
补充因素 3	○	○	○	○	○

谢谢您的努力与合作！再次感谢！